일 잘하는
사람의 생각법

자기 일로 사업을 한다고 선언하고 천년기업가
입장에서 해결책을 찾은 팀장과 단지 승진이나 경제적
이익만을 위해 일하는 팀장이 생각해 낸 해결책의
차이는 실제로 하늘 땅보다도 큽니다.

소통력을 업무성과로 이끄는
프로 일잘러 되기!

일 잘하는
사람의 생각법

류호택·노윤경·박기전·서인수
서진숙·이선주·이재건·하창우

지식공감

머리말

"일 잘하는 사람들의 생각은 무엇이 다를까?"

이 질문은 아마도 모든 자기계발서나 리더십 관련 서적의 근본적인 질문일 것입니다. 생각한다고 모두 행동으로 연결되지는 않지만 결국 생각은 행동을 이끌어냅니다. 성공 확률도 0%에서 50%로 급상승합니다.

생각하지 않았는데 행동하는 경우는 생존을 위한 본능적인 반응 외에는 없습니다. 결국, 일 잘하는 사람이 되기 위해서는 일 잘하는 사람의 생각법을 들여다보는 것이 가장 손쉬운 성공 방법입니다.

필자가 대표 저자로 집필한 "천년기업의 비밀"의 목적도 결국은 일 잘하는 사람의 생각법입니다. 자신이 하는 일로 천년기업을 만든다고 생각하고 해결책을 찾는 사람과 승진이나 경제적 여유만을 위해서 해결책을 찾는 사람은 하늘과 땅만큼이나 다르다는 것을 실제로 코칭에서 경험했기 때문입니다. 기업가도 마찬가지입니다. 먹고살기 위해 사업을 하는 사람과 천년기업을 만들겠다고 사업을 하는 사람은 인간을 대하는 근본부터 다릅니다.

생각은 행동을 만들어 냅니다. 생각에 행동을 더하면 인품이 됩니다. 생각을 입 밖으로 꺼낸 것 자체가 행동의 시작입니다. 생각이 아니라 행동이 중요하긴 하지만, 마음을 먹어야 시작도 됩니다.

최고 경영자의 생각은 조직문화 형성에 절대적 영향요소입니다. 인간의 위대한 업적은 모두 작은 생각에서부터 시작되었습니다. 그런데 사람들은 자기 생각으로 자신뿐 아니라 다른 사람의 능력에도 한계를 정한 후 그 사람에게 자신이 정한 능력의 한계를 강요하기도 합니다.

도저히 해낼 수 없을 것 같은 어려움을 만났을 때 긍정적인 생각은 기적을 싹트게도 합니다. 이처럼 생각은 중요합니다.

용기란 결국 자신이 어렵다고 생각하는 것을 시도해 보는 도전정신입니다. 용기는 자신의 무한한 능력을 무시하지 않는 데서 출발합니다. 오늘을 어떻게 살지가 이 세상 무엇보다도 중요합니다. 오늘을 생각하지 않고 내일만을 생각하는 것은 결국 망상이 됩니다. 생각은 말로, 말은 행동으로, 행동은 결국 인격으로 나타나 그 사람의 성패를 좌우합니다.

지혜로운 사람은 많은 일 중에서 우선순위를 정하고, 개별 일에서도 우선순위를 정한 후 끝을 생각하며 일합니다. 단정적으로 못한다고 말하기 전에 한 번 더 생각하고 일합니다. 상대의 입장과 주변 상황을 생각하면서 방법을 찾으면 위기를 기회로 만든 사람이 됩니다.

즉흥적인 기분으로 행동하면 명성에 금이 갈 일이 많아집니다. 상황이 아무리 급해도 일이나 삶의 목적 또는 경영철학을 잠시 생각하면 어떻게 행동하는 것이 좋을지 앞이 보입니다. 이렇게 하면 실수를 방지할 수 있을 뿐만 아니라 일관성도 유지할 수 있어 예측 가능한 행동을 하는 리더가 됩니다.

건강의 필요성을 느낄 때 건강을 준비하면 늦습니다. 지혜도 그렇습니다. 미리 생각하고 준비하고 마음속으로 그려보면 위기의 상황이 왔을 때 자신이 평소 생각했던 모습이 무의식적으로 표출됩니다. 주변에서 발생한 어려운 상황이 자신에게 닥쳤을 때 어떻게 할 것인지 미리 생각해 둔다고 해도 꼭 그렇게 되지 않을 순 있지만 지혜로운 사람으로 성장할 수 있을 뿐만 아니라 유사한 상항에서 당황하지 않고 의연하게 대처할 수 있습니다.

잠자리에 들면서 내일 일어날 일, 먼 미래에 일어날 일을 미리 생각하면 불행을 막고 행운을 얻는 방법을 찾을 수 있습니다. 이때 최상의 경우와 최악의 경우를 동시 생각하는 것이 좋습니다. 그렇게 잠들면 잠재의식이 밤새워 해결책을 찾아 제시해 줍니다. 어떤 일이 발생하든 섣부른 대응보다는 잠시 침묵하면서 문제의 근본에 대한 해결책을 찾는 질문을 계속하다 보면 아주 멋진 해결책이 보입니다.

　생각은 말로, 말은 행동으로, 행동은 평판으로 평판은 명예나 권력을 얻게도 하지만 잃게도 합니다. 그러니 생각하는 것부터 조심해야 하지 않겠습니까?

2021년 중하(仲夏)

류호택

목차

제1장

일 잘하는 사람의
마인드 프레임 &
실행력 아포리즘

··· 승리와 실행력

\#
다윗이 골리앗을 상대하겠다고 나선 순간
그는 골리앗과 동격이 됐습니다.
도전할 목표물이 크면 클수록
특별한 존재가 됩니다.
아무리 대담한 생각을 품었어도
겉으로 드러내지 않으면
다른 사람들이 모를 뿐만 아니라
자신도 잊게 됩니다.

\#
첫 승리보다는
마지막 승리를
늘 잊지 마십시오!

\#
생각을 크게 하셨습니까?
좋습니다!
그러면 오늘 무엇을 하시겠습니까?

\#
올바른 방향으로 향한
길 위에 서 있더라도
행동하지 않으면 방해물이 됩니다.

··· 꿈과 희망

\#
희망이 없다고 말하지 마십시오!
당신이 희망인 사람도 많이 있고
당신이 희망이 되지 말라는 법도 없습니다.

\#
어쩌다 보니
지위가 높이 올라갔는데
과거의 잘못에 발목이 잡혀
끌려 내려오는 경우가 있습니다.
처음부터 높은 꿈을 가질 걸 그랬습니다.
'천년 기업가'처럼 말입니다.

\#
꿈이 없어
죽는
경우는 많이 있지만
너무 높은 꿈 때문에
죽는 경우는 없습니다.

\#
몽땅 연필처럼
쓰면 쓸수록 작아지는 꿈이 아니라
나팔꽃처럼
매일매일 자라나는 꿈을 가지십시오.

\#
간디, 마틴 루서 킹, 넬슨 만델라는
큰 힘이 없었지만
존재 의미를 발견하고
인간의 근본을 생각하고
현재가 아닌 행복한 상상 속 미래에서

꿈을 발견한 후
이것을 현실처럼 보여줬습니다.

\#
미국, 영국, 일본, 중국, 독일, 프랑스, 이탈리아, 스페인처럼
세계적 영향력을
한 번도 행사하지 못한 우리나라!
이게 가능하다고 느껴지게 하는
한류 문화와 무역의 세계적 영향력 확대가
지금 끝나는 것은 아닐까 하는 걱정이
혼자만의 우려이길 바랍니다.

··· 목표와 목적

\#
100킬로미터 마라톤 완주 목표와
10킬로미터 마라톤 완주 목표는
마음 자세가 다릅니다.
1000년 기업 비전과 10년 기업 비전의
마음 자세는
인간을 생각하는 근본부터 다릅니다.

\#
오늘의 나는 어제의 내가 만들었고
내일의 나는 오늘의 내가 만듭니다.
오늘의 나를 뛰어넘는 방법을
한 번 더 생각한 후 실천해보십시오.
전혀 다른 길을 발견하게 될 것입니다.
더 많은 능력이 있다는 사실도 알게 될 것입니다.

#
훌륭한 사람의 발자취를 좇아가다가
오솔길을 발견하고 새로운 길로 들어선 것은
주로에서 이탈한 것이 아니라
나만의 새롭고 독창적인 길을
찾은 것일 수도 있습니다.

#
사막과 같은 척박한 땅에서 살아남으려면
땅속 깊이 뿌리를 내려야 합니다.
인생이란 긴 여정에서 흔들리지 않으려면
강한 목적의식이 있어야 합니다.

#
돈이 목적이면
행복한 날은 돈을 번 날 뿐이지만,
성장이 목적이면
매일매일은 행복한 날로 만들 수 있습니다.

#
가장 높은 곳에 이상을 두십시오.
그러나,
최악의 경우도 대비해 두십시오.

#
한 번의 블루오션을 만들어 성공했다고 해서
천년 기업이 되는 것은 아닙니다.
천년 기업이 되기 위해선
레드오션에서 끊임없이
블루오션을 만들어내야 합니다.
큰 시장은 레드오션에 있습니다.
우버, 아마존, 알리바바나 애플도 마찬가지로
블루오션을 만들어내지 못하면
미래에 설 자리가 없습니다.

\#
목적이나 철학이 없는 행동은
갈피를 잡지 못합니다.

\#
성공한 사람이 되려면
성공한 사람처럼 오늘 하루를 살고
천년 기업가가 되려면
천년 기업가처럼
오늘 하루를 살아야 합니다
그렇게하면
오늘 하루는 바라는 모습이 된 것입니다.
이런 날들이 많아지면
자연스럽게 바라는 모습이 됩니다.

\#
바람이 늘 있는
오늘의 사막 지도는
내일 다시 수정해야 하듯
우리의 비전도
매일매일 새롭게
손봐야 합니다.

\#
연못 속 붕어는
바다를 모릅니다!

\#
해야 할 절박한 이유를 찾았다면
절반은 성공을 이룬 것입니다.

\#
계획을 세울 때 목적을 생각하면
다른 방법도 보입니다.

#
천년 기업가 마인드로 일할 것인지
노예 마인드로 일할 것인지는
자신의 선택 사항입니다.
그래서 반드시
그 결과도 수용하고 책임져야 합니다.
결코 남을 비난하거나
자신을 비하해선 안 됩니다.

#
지금 내가 하는 일로
천년 기업을 만들겠다고 일하는 사람과
먹고살기 위해 할 수 없이 일한다는 사람은
다를 수밖에 없습니다.

··· 봉사

#
이름도 없이 들풀처럼 사라져 간
수많은 사람의 희생과 봉사 위에
우리는 지금 이 자리에 서 있습니다.
우리가 사회에 봉사해야 할 이유입니다.

··· 사람

#
사람 때문에
웃고 사랑하고 기뻐도 하지만,
실망하고 좌절하고 분노도 합니다.

하지만 용케
지금 이 자리에 오기까지
주위 사람들의 격려나 도움도 필요했습니다.
결국 사람이 희망입니다!

#
사람이 하는 실패는
모두 인간관계에서 시작됩니다.
일 잘하는 사람은
사람마다 모두 다른 인간 심리에
관심을 가지고 적절히 대응 합니다.

#
'당신은 내게 중요한 사람이기 때문에
없어선 안 될 존재'라고 느끼게 하는 것이
'존재감'입니다.
존재감만으로도 사람은 동기 부여가 됩니다.

#
기업은 사람이라고 말하면서
사람에게 관심 없는 기업의 미래는
예측이 아니라 예언도 가능합니다.

#
무시하고 핍박한 사람 때문에 성공했다면
제일 먼저 해야 할 일은
그 사람을 용서하고 감사함을 표시하는 일입니다.
그러면 더 멋진 사람이 됩니다.

#
가장 큰 적은 가까이 있다가
떠나간 사람입니다.
사람들은 그 사람 말을 믿거든요.
그래서 가까운 사람이 떠나가려 할 때는

상당한 배려를 해야 합니다.
회사를 떠나는 사람에 대한 배려도
마찬가지입니다.

\#
맹획을
힘으로 제압하지 않고
'칠종칠금'한 제갈량의 목적은
피정복자의
'절치부심'이나 '와신상담' 같은
보복을 원하지 않았기 때문입니다.

\#
땅 없는 정부는 있었지만
국민 없는 정부는 없었습니다.
사옥 없는 회사는 있지만
사람 없는 회사는 없습니다.
사람이 전부입니다.

\#
태양을 향해
앞선 사람의 간 길만 뒤따르면
그림자에 가려
햇빛을 볼 기회가 사라집니다.
물론 초기엔
앞선 사람의 길을 따르는 것도 필요합니다.

\#
분노나 모욕 때문에
절치부심해서 성공했다면
그것으로 보상받은 것입니다.
포용으로
마무리하지 않으면
보복의 수레바퀴가 반복해서 굴러갑니다.

#
당신이 만약 천년 기업 CEO라면
어떤 기준으로 인재를 영입하겠습니까?
당신이 그렇게 결정한 이유는 무엇입니까?
어떤 결과가 예측되기 때문에 그런 결정을 내렸습니까?
후회가 예상된다면 그것은 무엇이며
어떻게 대책을 준비하시겠습니까?

#
영원한 적도, 영원한 친구도 없다는 말은
국가 간 전쟁뿐만 아니라
인간관계에 해당하기도 합니다.

#
잘못을 알려주는 것보다
용기를 주는 말이 필요한 경우가
더 많습니다.

#
측근에 대한 배려를
사람들은 어느 정도 용인합니다.
하지만 명백한 잘못도 눈감아주면
대중이 떠납니다.
'읍참마속', '권불십년'이란 말이 생겨난 이유입니다.

··· 지혜

#
오크리지 국립연구소에 의하면
50조의 인간 신체 세포는
1년이면 98%가 교체된다고 합니다.
98%의 몸이 바뀌지만

안 바뀌는 2%는
혹시 지혜가 아닐까요?

\#
차이를 인정하면
다른 지혜를 얻게 됩니다.

\#
지혜롭게 되려면 배우면 되고
강하게 되려면 자신을 이기면 되고
행복하려면 모든 것에 감사하면 됩니다.

\#
최소한의 말과 침묵은
더 많은 생각과 통찰을 하게 합니다.

\#
지식은 입을 사랑하지만
지혜는 귀를 사랑합니다.

\#
주검 앞에 서면 숙연해집니다.
삶을 되돌아보게 됩니다.
앞날을 생각하게 합니다.

··· 원칙

\#
복잡하고 어려울수록
원칙을 지키라고 합니다.
처음으로 돌아가라고 합니다.
지금 우리 상황이 그럴 때가 아닐까요?

··· 자기암시

#
높은 산에 오르면 힘은 들지만
멀리 볼 수 있습니다.
팀장이라도 좋습니다.
자기 마음속 지위를 지금 즉시
천년 기업가 위치에 올려놓고
해결책을 찾아보십시오.
전혀 다른 해법을 찾게 됩니다.

#
현존하는 모든 것들은
과거 누군가의 상상 속에 있었습니다.
현재의 나는 과거 상상의 일부가
현실로 나타난 것입니다.
그리고
현재 내가 상상하는 것들의 일부가
미래로 나타날 것입니다.

#
자신의 꿈이 이뤄졌을 때의 모습이
지금 자연스럽게 느껴지지 않는다면
그렇게 될 수 있는 매일의 습관을 새로 만들거나
다른 꿈을 찾아야 합니다.
그렇게 하지 않으면
그 꿈은 망상이 됩니다.

#
잠재의식은
사과나무의 씨앗입니다.
얼마만큼의 사과가 달릴지
아무도 모릅니다.

#
마치 내 꿈이
이뤄진 것처럼 행동하면
실제로 이뤄진다는 말을 믿고
공손하게 행동하면 이뤄집니다.
수많은 사람이 이를 증명했습니다.

#
오늘의 나는
어제의 내가 아닙니다.
오늘의 내가 어제의 나로 살면
어제의 내가 될 수밖에 없습니다.

#
과거로 돌아가
현재를 바꿀 순 없지만,
오늘 나의 태도나 행동이
미래를 바꿀 수는 있습니다.

… 멘탈 관리

#
당신은 지금 어디에 서 있습니까?
주어진 역할이 무엇입니까?
무엇을 해야 합니까?
어느 곳에 있든
지금 할 수 있는 일을 하십시오.
가로등도, 태양도, 별빛도
가까운 곳부터 밝게 비춰나가지만
먼 곳까지 퍼져나갑니다.

#
나는 그냥 나입니다.
(I am that I am.)
있는 그대로의 자신을 사랑하십시오!

#
직장 세계를
'심리 전쟁터'라고도 합니다.
이 전쟁에서 살아남으려면
본심을 읽고 대응을 잘 해야 합니다.
그래서
심리학을 '제2의 경영학'이라고도 합니다.

#
신이 고난을 주실 때는
성장의 씨앗도 함께 주시는데
극히 일부 사람만이 그 뜻을 헤아려
꽃을 피웁니다.
그 사람이
당신이 되지 말란 법도 없습니다.

#
나이와 관계없이
최정상에 선 사람의 영적 수준은
최상위입니다.
그는 특히
좋은 일이 생겼을 때
질투심을 유발할 정도로
환성을 지르기보다는
겸손한 자세를 취합니다.
사실,
그런 행동이
그를 최정상으로 인도했을 것입니다.

#
평범함 속에서
비범함을 발견하는 순간
그 사람은 더는
평범한 사람이 아닙니다.
이 말은
당신 자신이나
자녀나
다른 사람의 것을 발견해 줄 때도
똑같습니다.

#
실용적인 사람은
과거가 아니라
미래를 기준으로
오늘의 인간관계를 설정하고 행동합니다.

#
'혹시나?' 했던 것이
'역시나!'로 변했을 때는
참 씁쓸합니다.
내가 그렇듯
나에 대한 다른 사람의 기대도
씁쓸하지 않도록
무한 노력을 해야 하겠습니다.

#
오르는 시간은 길고
내려오는 시간은 짧은데
정상에 머무는 시간은
더 짧은 순간인 산행

\#
오름길 사고 경상
내림길 사고 중상
정상의 사고 사망
산행이 주는 교훈

\#
밤하늘에 빛나는 별들이
태양이 뜨면 안 보인다고
실망할 필요는 없습니다.
밤이 되면 다시
찬란하게 빛납니다.
평판 또한 그렇습니다.

\#
보름달이 작아지다가 사라졌다고
없어진 것은 아닙니다.
욕망 또한 그렇습니다.

\#
화를 내고는 '참을걸!' 하고 후회합니다.
실수하고는
"멍청하긴" 하고 혼잣말합니다.
난관을 만나면,
'아직도 부족하군!' 하고 생각합니다.
그래도 그런 나를
그냥
혼자만이라도 사랑해야 하겠습니다.

··· 리더십

\#
전투에선 지더라도
전쟁에서 이기는 전투라면 해야 합니다.
유비는 조조와의 전투에서
백성과 함께 도망가다가 지고 말았지만,
이것이 민심을 얻고 나라를 세우는 근간이 됐습니다.
전투에선 졌지만,
전쟁에선 이긴 사례입니다.

\#
구멍처럼
깎으면 깎을수록
커지는 사람이 있습니다.
보신각종처럼
맞으면 맞을수록
아름다운 소리를 더 멀리 보내는 사람이 있습니다.
그는 결국
위대한 리더가 됩니다.

\#
머리로 알면 '이해'
가슴을 울리면 '설득'
리더는 옳은 것이라면 설득하거나
최소한 이해라도 시켜야 합니다.

\#
훌륭한 전술가는
과거의 성공 경험이나 뛰어난 지식이 아니라
지금 처한 현실에
가장 좋은 방법은 무엇이며
'미래에 어떤 영향을 미칠까?'라는 질문을 통해
해답을 찾는 사람입니다.

#
조나라 상경 인상여는
훨씬 많은 힘을 가지고 있었지만
자신을 모함하는 대장군 염파와
화합을 위해 피해 다녔습니다.
이를 알게 된 염파는
자신을 매질하며 사죄했습니다.
그 후 나라는 강해졌습니다.
인상여처럼 화합을 추구하는 리더는
언제든 어느 곳이든 필요한 리더입니다.

#
일 잘하는 사람은
자신이 현재 하는 일로 사업을 하여
이미 천년 기업을 이루었다고 선언한 후
매일매일 이를 증명하는 삶을 즐기면서
오늘을 최대한 행복하고 멋지게 삽니다.
오늘은 어떻게 멋있는 하루를 사시겠습니까?

#
리더라면
명분과 실리를
동시에 추구해야 합니다.
실리가 단기적 이익이라면
명분은 장기적 이익입니다.
명분이 미션이나 가치라면
실리는 손익입니다.

#
일 잘하는 사람은
자신보다는 조직과 구성원의
자발적 동기 부여를
더 많이 생각해야 하는 사람입니다.

인간의 근본을
더 많이 생각해야 하는 사람입니다.

\#
직장을 은퇴하면
대부분 사장이 됩니다.
20대일 수도 있고 30대일 수도 있습니다.
40~60대일 수도 있습니다.
사장이 된 후 사장 연습을 하면
늦기도 하지만
실패 확률도 높습니다.
일 잘하는 사람은
직장인이라도 현재 자기 일로
사장 연습을 해야 합니다.
이렇게 되면 승진이나 진급은
덤이 됩니다.

\#
파도와 맞서 싸우는 방파제는
물보라를 만들어내면서 결국 부서지지만
모래톱은 아무 일도 없는 듯이
파도를 흡수합니다.
공격을 맞받아치면 싸움이 되지만
스펀지처럼 흡수하면 잔잔해집니다.
위대한 리더는 이렇게 합니다.

\#
튀어 나간 당구공은
다른 당구공과 부딪치면 진로를 바꿉니다.
고수는
이런 장애물을 잘 활용해 점수를 냅니다.
일 잘하는 사람도 그렇습니다.

\#
일 잘하는 사람은
인간의 근본에 바탕한
자신만의 마인드 프레임으로
일관성 있는 결정을 내립니다.
일 못하는 사람의 결정은
조직을 혼란하게 함은 물론
낭떠러지로 이끌기 때문에
결국
그 자리에서
끌려 내려오게 됩니다.

\#
목적이 이끄는 삶
목표가 이끄는 삶
그리고
일상이 이끄는 삶 중에서
어떤 삶을 원하십니까?
일 잘하는 사람은
목적이 이끄는 삶을 지향합니다.

\#
일 잘하는 사람은
사소한 문제가
암세포처럼
처치 곤란한 재앙으로
커지는 것은 아닐지
미리 알아차립니다.

\#
가장 힘든 리더는 어디로 튈지 모르는
예측 불가능한 리더입니다.
이런 리더는 조직 운영을 위한
뚜렷한 자신만의 마인드 프레임이 없습니다.

#
예언은 아무나 하기 어렵지만
예측은 조금만 노력하면
누구나 할 수 있습니다.
일 잘하는 사람은
예측을 통해
내일을 준비합니다.

··· 정직과 책임

#
유대인 학살에 대한
히틀러의 기록 영화를 보면서
문득 드는 생각
국민투표로 선출된
히틀러와 그의 일당들이
합법적인 선거 결과를 빌미로
유대인을 학살했습니다.
이에 대한 국민의 책임은 어디까지일까요?
회사에서 이런 일이 발생한다면
어떻게 하시겠습니까?

#
사람들은
작은 거짓말에는 잘 속지 않지만
대담하고 큰 거짓말에는
잘 속아 넘어갑니다.
사기꾼이나 정치꾼은 이런 심리를
잘 이용합니다.

\#
진정성이란
말과 행동이 일치하는 것을 넘어
선한 마음까지 일치하는 것을 말합니다.
지금 우리는 진정성이 요구되는 시대에 살고 있습니다.

\#
지금과 같은 초연결 정보 사회에서
거짓이 통할 것으로 생각하는 사람이
생각보다 참 많이 있습니다.

\#
큰 성공은
작은 성공을 기반으로 합니다.
작은 성공은 먼저
자기와의 약속을 지키는
시작합니다.

\#
정글에는
스스로 먹이를 사냥하는
동물이 있는가 하면
남이 잡아놓은 먹이를
빼앗는 동물도 있습니다.

\#
우리는 의식주를
손수 해결하지 못하는
분업 시대에 살고 있습니다.
무엇이든지
서로 믿어야 하는 시대에
사는 거죠.
그러니 믿지 못할 행동을 하면
싫어하는 건 당연하지 않습니까?

#
옳은 길을
모르는 건 아니지만
그 길을 가기는
어렵습니다.

#
이기고도 지는 게임이 있고
지고도 이기는 게임이 있습니다.
명분, 명성, 평판이
이를 가르는 기준입니다.

#
히로히토, 무솔리니, 히틀러 정권은
다수 국민의 지지로 정권을 잡은 후
언론을 장악하고 반대파를 제거하고
국가의 힘을 한데 모아
전쟁 초반에는
모든 전투에서 승리했지만
결국 정의 앞에 무릎을 꿇었습니다.
기업의 정의도 마찬가지입니다.

··· 사고의 전환

#
돌멩이, 나무, 사람, 우주, 모두가
겉모습은 다르지만
깊은 속으로 들어가면
똑같이
전자, 핵, 그리고 중성자로 이뤄졌습니다.
어려울 때는
기본으로 돌아가

해결책을 찾는 것이 가장 쉬운 방법입니다.

#
바이러스가 인간에게 하는 질문
"인간이 미물이라고 하는 나, 바이러스도 진화한다.
만물의 영장이라고 하는 너희들은 정말 진화하느냐?"

#
원하지 않는 곳에서
원하지 않는 시간에
원하지 않는 방법으로 싸운다.
제2의 나폴레옹이라 불리기도 하는
베트남의 영웅 보응우엔잡의
3불 게릴라 전략입니다.

··· 행복

#
영웅이 되면 행복하겠다는 사람은
한 번 행복을 느끼지만,
영웅이 되려고 노력하는 과정에서도
행복을 느끼겠다고 생각하는 사람은
매일매일을 행복으로 사는 사람입니다.

#
돈이 목적이면
행복한 날은 돈을 번 날 뿐이지만
성장이 목적이면
하루하루가 행복한 하루가 됩니다.

#
행복은
오늘의 성장 기쁨에 더하여
밝은 미래가 예상될 때 완성됩니다.

#
유머는 우리의 삶을 풍성하게 해줍니다.
위기 상황에서도
유머를 사용하는 사람의 영적 수준은
최상위입니다.

#
어린아이가
이해할 수 있는 말을 하는 사람은
도량이 아주 뛰어난 사람입니다.
똑똑하지만 비판적인 사람보다는
평범하지만 가슴이 따뜻한 사람이 더 좋습니다.

#
기적도 좋고 높은 꿈도 좋지만,
오늘을 멋있고 보람있게 사는 것은
이보다 수십 배 더 중요합니다.

#
삼선 짜장을 시키려다 싼 맛에
일반 짜장을 시킨 후 고민합니다.
"바꿀까?"
음식이 나왔습니다.
"역시 바꿔야 했어."
먹은 후에도 개운치 않습니다.
이렇게 마음 쓸 바에야
조금 비싸도 먹고 싶은 걸 시킬 걸 그랬습니다.

인간은 원래 '내로남불'

"내로남불!"

'내가 하면 로맨스, 남이 하면 불륜'을 줄인 말인데 이 말은 인간의 본성을 잘 나타낸 말입니다. 인간은 원래 '내로남불'입니다. 싫든 좋든 조금씩은 다 '내로남불'입니다. 성현이나 위대한 리더가 아닌 한 그렇습니다.

"기회는 평등하게 과정은 공정하게 결과는 정의로워야 한다."라는 말도 마찬가지입니다. 이런 말이 성현의 경구처럼 100% 지켜지지 않는다고 비난할 수는 있겠지만, 그 말이 전적으로 지켜질 것이라고 믿는 사람의 책임도 없지 않습니다.

문제는 이런 상황이 협력이 아닌 분열로 이어진다는 점입니다. 분열은 힘을 약화시킵니다. 그렇다고 강제적으로 언로를 장악해 분열을 막으면 더 큰 불행이 오게 됩니다.

제2차 세계대전을 일으킨 히로히토, 무솔리니, 히틀러 정권은 다수 국민의 지지로 정권을 잡은 후 언론을 장악하고 반대파를 제거했습니다. 그 후 국가의 힘을 한데 모아 전쟁 초반에는 모든 전투에서 승리했지만, 결국은 패배했습니다. 정의 앞에 무릎을 꿇은 것입니다.

반복이나 대립은 정치뿐만 아니라 기업 내 또는 기업 간, 조직 내 또는 조직 간에서도 발생합니다. 이런 경우 '조직 화합을 어떻게 이끌어 낼 것인가?'에 대해 비즈니스 코칭의 관점에서 정리해 봅니다.

첫째, 인간은 '내로남불'의 본성을 가지고 있다는 점을 인정해야 합니다. 그렇게 하지 않았다면 인류가 생존하지 못했을 것입니다. 물론 성현이나 위대한 리더는 다른 사람보다 자신에게 더욱 엄격한 잣대를 들이대긴 하지만, 보통사람에게 이런 기준을 기대하는 것은 욕심입니다.

둘째, 자신의 감정을 다스려야 합니다. 침착한 태도를 유지하면서 즉각적인 대응이 아닌 시차를 둔 반응이 필요합니다. 침착한 태도를 유지하는 것도 필요한데 이럴 때 "인간은 본래 그런 것이다."라는 말을 마음속으로 되새기면 어느 정도 분노 극복에 도움이 됩니다. 좋은 결과만 기대하지 마십시오. 오히려 최악의 경우를 생각하고 미리 대비해 두면 마음이 편해지고 평정심을 찾게 됩니다.

셋째, 관점의 차이를 인정해야 합니다. 나에게 유리한 관점에서 바라보면 나쁘게 보이지만, 상대에게 유리한 관점에서 보면 다를 수 있습니다. 이런 차이를 인정하면서 해결책을 찾지 않으면 감정의 골만 깊어지게 되고 해결책을 찾지 못합니다. 상대를 이해시킬 책임은 나에게도 있다는 점을 명심해야 합니다.

넷째, 상대방을 존중해줘야 나도 존중받습니다. 망신이나 창피를 주는 것은 금물입니다. 그와 생각이 다르더라도 그의 의도에서 긍정적인 부분을 찾아 동의한 후 자기 주장을 해야만 상대를 설득할 수 있습니다. 이때, 객관성 유지를 위해 변호사가 아니라 판사의 관점에서 이슈를 바라보는 것이 좋습니다. 그래야 객관화된 사실을 바탕으로 이슈를 바라볼 수 있기 때문입니다.

다섯째, 행동 기준을 만들어야 합니다. 행동 기준을 만들기 전에 행동철학을 만드는 게 필요합니다. 사실 행동 철학은 초기에 만들어야 합니다. 그래야 변동 상황에 능동적으로 대처할 수 있기 때문입니다. 상대를 공격할 때는 상대가 제시한 기준으로 공격해야 상대가 다른 말을 하지 못합니다. 인간적인 모습을 보이기 위해 가끔은 쩔쩔매는 모습이 필요할 때도 있습니다.

여섯째, 상대의 의도에 공감하면서 비유와 은유로 표현하면 좋습니다. 동의는 하지 못하지만, 상대의 의도 중 긍정적인 부분을 공감해 준 후, 비유나 은유로 자기주장을 하면 공감받은 상대가 객관적으로 이슈를 바라보게 됩니다. 이럴 때도 상대가 도망갈 수 있는 퇴로를 열어줘야 합니다. "막다른 골목에 몰린 쥐새끼는 고양이에게 달려든다." 라는 속담도 있지 않습니까.

이 외에도 협력을 이끌어 내는 방법은 많습니다. 중요한 것은 진정성 있게 협력을 이끌어 내겠다는 생각과 자세입니다. 이렇게 자세를 취하면 지금보다 훨씬 더 좋은 해결책을 발견하기도 합니다.

리더에게 요구되는 것은 혼자만의 성과 달성이 아니라 구성원들의 성과 달성 지원입니다. 홀로 성과를 달성하는 역할은 실무자로 끝났다는 사실을 잊고 실무자처럼 행동하는 리더가 있습니다. 이런 리더라도 비난할 것이 아니라 올바른 길로 안내해야 합니다. 이런 기회야말로 일 잘하는 사람이 될 잠재력이 있는, 천년 기업의 리더가 취할 행동입니다.

전투에서 지더라도 전쟁에선 지지 말라

"전투에선 지더라도 전쟁에서 지면 안 됩니다."

이기고도 지는 게임이 있고, 지고도 이기는 게임이 있습니다. 우리는 이런 상황을 일상생활에서 수없이 마주합니다. 인간관계에서, 승진 경쟁에서, 기업 간 경쟁에서, 심지어는 정치적인 대립에서도 이런 상황에 맞닥뜨립니다.

정치에 관해 이야기는 하고 싶지 않지만, 이해를 돕기 위해 정치 분야로 문제를 적용해 보겠습니다. 대치 국면에서 대기업인 여당이 다수결의 원칙으로 밀어붙이면 중소기업인 야당으로서는 뾰족한 대처 수단이 없습니다.

하지만 야당이 전투에선 지더라도 전쟁에선 이기겠다는 자세를 취한다고 생각해봅시다. 이런 경우 과거 관행을 무시하고 다수결의 원칙으로 여당이 밀어붙이면 이를 물리적으로 막을 것이 아니라 오히려 적극적으로 참석해서 반대 의사를 표현하는 모습을 국민에게 보여줘야 합니다. 이것이 전투에서는 지고 전쟁에서는 이기는 전략입니다.

그런데 이처럼 전투에서는 지고 전쟁에서는 이기는 전략을 사용하려면 철학이 있어야 합니다. 자신의 존재 의미를 생각하고 이에 맞게 행동해야 합니다. 국회의원은 국민을 위해 존재하고 야당은 여당의 독주를 막기 위해 존재한다는 사실 말입니다. 결정이 어려울 때 민주주의는 다수결 원칙으로 해결하지만, 다수결의 원칙에는 독도 있다는 것을 모르는 국민은 없습니다. 다수의 결정이 반드시 옳지 않다는 것을 역사는 말해 주고 있기 때문입니다.

　야당의 처지에서는 국민을 생각하고 국민을 위해 존재하기 때문에 건강한 비판을 한다는 대의명분으로 현재의 난관에 대처하는 것이 전투에서는 지더라도 전쟁에서 이기는 방법입니다.

　사실 이런 사례는 수없이 많이 있습니다. 초한지의 주인공인 항우와 유방의 전쟁도 마찬가지입니다. 백전백승이던 항우는 마지막 한 번의 패배로 역사의 뒤안길로 사라지고 맙니다. 유방의 정책은 백성을 사랑하는 것이 최우선이었으나 항우의 정책은 전투에서 이기는 것을 최우선의 전략으로 삼았습니다. 이로 인해 한신과의 마지막 전투에서 사면초가 노래에 항우의 추종자들이 모두 다 떠나버린 것이 그가 재기하지 못한 이유입니다.

　소설 속 삼국지에서도 이런 사례를 볼 수 있습니다. 유비는 전투 중에 따르는 백성과 함께 도주하다가 조조에게 패배하고 맙니다. 물론 따르는 백성을 물리치고 조조와 전투를 했더라도 진 전투일 수 있겠지만 유비는 백성과 함께하는 모습을 보였습니다. 이런 모습으로 유비는 백성들로부터 군주에 버금가는 명성을 얻게 됩니다. 이런 명성이 보잘것없던 그가 나라를 세우도록 하는 데 큰 역할을 했음은 두말할 필요가 없습니다.

인간관계에서도 이런 사례를 많이 볼 수 있습니다. 자신이 조금 양보하면 좋은 인간관계가 유지되어 서로 도움을 줄 수 있었을 텐데, 감정에 북받쳐 좋지 않은 말로 시작한 싸움으로 평생 이야기를 하지 않는 경우를 주위에서 어렵지 않게 보게 됩니다.

기업이라고 다르지 않습니다. 거래하면서 눈앞의 이익을 취하다가 큰 손해를 본 사례는 무수히 많이 있습니다. 불법적인 요청인지 알면서 거래를 지속하다가 나중에는 회사 전체가 존망의 갈림길에 서기도 합니다. 당장 눈앞의 이익을 취하기 위한 갑질로, 최근에 사회적 물의를 일으켜 회장까지 물러나거나 기업이 존폐 위기까지 몰린 상황도 마찬가지입니다. 결국 전투에서는 이겼지만, 전쟁에서는 진 사례들입니다.

이병철 회장이나 정주영 회장이 사업을 하다가 어려움을 당했을 때 다시 일어설 수 있었던 힘은 망하는 상황에서도 신용을 잃지 않기 위해 부단히 노력한 것입니다.

"전투에서는 지더라도 전쟁에서는 지지 말라!"는 말을 『손자병법』에서는 '욕금고종(欲擒故縱)'이라 하고, 사업가는 신용이라고 말하며, 리더는 신뢰라고 말하고, 정치가는 대의명분이라고 말합니다.
천년 기업을 이어가려면, 혹은 조직을 이끄는 일 잘하는 사람이 되려면, 이를 경영 철학, 또는 조직 운영 철학이라고 말하고 반드시 지켜야 할 덕목으로 삼아야 합니다. 어떻습니까? 전투에서는 지더라도 전쟁에서는 이겨야 한다는 말은 우리 가까이에 있는 아주 중요한 결정 기준이라고 생각되지 않습니까?

다수결 원칙은 민주주의의 꽃인가?

"다수결이 최상의 결정일까요?"

쉬운 결정이긴 하겠지만 최상의 결정은 아닙니다. 만약 최상의 결정이라면 모든 일은 다수결로 결정하면 되겠지만, 그렇게 하지 않는 경우도 많이 있습니다. 단점이 있기 때문입니다.

어떤 조직이든 의사결정을 해야 합니다. 특히 민주주의 국가에서는 대화로 해결이 안 될 때는 다수결 원칙을 적용하고 있습니다. 법적으로도 문제가 없습니다. 그런데 왜 다수결 원칙을 만능처럼 사용하면 안 된다고 하는 것일까요? 다수결 원칙에도 약점이 있기 때문입니다.

하지만 분명한 것은 다수결 원칙에 장점이 있다는 것입니다.

첫째 장점은 다수결 원칙이 민주 사회에서 가장 현실적인 의사결정 방식이라는 점입니다. 시간은 정해져 있고 도저히 결정이 나지 않을 것 같은 상황에서 이 방법은 유용하게 사용됩니다.

둘째는, 다수의 결정이 합리적일 가능성이 크다는 점입니다. 단 이런 경우 누구나 모두 자유로운 의견 제시 권한이 단체나 상사가 아닌 구성원 개개인에게 있어야 합니다.

셋째, 소수보다는 다수의 이익을 따른다는 점입니다. 특히 제로섬 게임인 경우 많은 사람에게 이익이 되는 결정이 좋은 결정일 수 있습니다.

하지만 이런 장점이 단점으로 작용할 수 있습니다.

첫째는 소수에 대한 배려 없는 다수결은 횡포일 수 있다는 점입니다. 부자의 돈을 뺏어 가난한 사람에게 주자는 다수결 결정이나 막강한 힘을 가진 다수당이었던 나치당이 600만 명에 이르는 유대인, 장애인, 동성애자 등을 살해한 사례가 대표적인 예입니다.

둘째, 다수의 판단이 합리적이라는 주장은 수학적 계산일 뿐이라는 점입니다. 우주에 인공위성을 발사하기에 가장 좋은 날을 다수결로 결정할 수 있을까요? 아무리 IT 시대라지만 10,000명에게 인터넷 투표를 해서 "오늘 날씨가 화창하니 인공위성을 발사합시다." 하고 결정하는 게 합리적일까요? 어떤 문제에 대해 집중적으로 조사하고 연구한 전문가와 그렇지 못한 사람 대부분이 모인 자리에서 발생하는 다수결의 맹점이 바로 여기에 해당합니다. 이런 경우라면 한 명의 전문가 의견이 더 중요합니다.

셋째, 다수의 결정이 사회 전체에 손해를 끼치는 경우가 오히려 많다는 것입니다. 서해안 매립이나 해변의 모래톱 제거 후 위락 시설을 지을 경우 눈앞에 보이는 이득이 커 보여서 다수결 원칙을 적용했지만, 나중에 환경 훼손으로 큰 손해를 보는 경우가 여기에 해당합니다.

다수결 원칙이 만능이라면 누구나 지도자가 될 수 있고 누구나 옳은 결정을 할 수 있을 것입니다. 하지만 다수결 원칙은 장점만큼 단점이 많이 있는 제도입니다.

국회뿐 아니라 모든 조직은 다수결의 원칙을 함부로 사용해서는 안 됩니다. 특히 기업에서 신규 사업을 결정할 때 다수결 원칙을 적용하면 어떻게 되겠습니까? 이렇게 하면 쉽게 결정할 수 있겠지만 거의 실패합니다. 오히려 사장 혼자만의 신규 사업 진출 결정이 성공 확률이 더 높다는 통계는 사업에 대해 많이 고민한 소수가 고민하지 않은 다수의 의견보다 좋을 수 있다는 점입니다.

일 잘하는 사람이 되려면 어쩔 수 없는 상황에서는 다수결 원칙을 적용해야 하겠지만, 항상 다수결 원칙의 단점도 생각해보는 지혜가 필요합니다. 사업가에게 더욱 그렇고 천년 기업을 꿈꾸는 사람이라면 더더욱 그렇습니다.

난관 극복을 위한 태도,
철학은 왜 필요한가?

튀어 나간 당구공은 다른 공과 부딪치면 진로를 바꿉니다. 고수는 이런 장애물을 활용해 점수를 냅니다. 위대한 리더도 마찬가지입니다. 장애물을 잘 활용해 성과를 달성합니다. 장애물을 방해물이 아니라 디딤돌로 활용합니다.

고민이나 난관이 없는 사람은 없습니다. 누구에게나 있었고, 있고, 있을 것입니다. 단지 이를 대하는 태도가 다를 뿐입니다.

지금 우리가 처한 상황은 지극히 어렵습니다. 지금까지 경험하지 못한 위기를 경험하고 있습니다. 코로나 사태는 수그러들지 않고 있고, 집값은 천정부지로 뛰고 있으며, 경제나 취업은 최악이란 뉴스가 넘쳐나고 있습니다. 어느 하나 시원한 게 없습니다. 시원한 바람이 사회 전체의 답답함을 확 쓸어가 버린 후 이슬을 머금고 막 돋아난 새순처럼 청량한 세상이 찾아왔으면 좋겠다는 생각을 해 봅니다.

난관은 과거에도 있었고 현재도 있고 미래도 있을 것입니다. 문제는 '어떻게 난관을 해결할 것인가?', '어떻게 변화에 적응해서 살아남을 것인가?'입니다. 이에 대해 권위 있는 학자가 제시한 방법으로는 다음과 같은 것들이 있습니다.

첫째, 존 코터의 「8단계 변화 관리 전략」입니다.

① 긴박감을 조성하라.

② 강력한 변화 추진 구심체를 구축하라.

③ 비전을 창조하라.

④ 비전을 전달하라.

⑤ 구성원들이 비전에 따라 행동하도록 권한을 위임하라.

⑥ 단기적인 성과를 위한 계획을 수립하고 실현하라.

⑦ 달성된 성과를 굳히고 더 많은 변화를 만들어 내라.

⑧ 새로운 접근 방법을 제도화하라.

둘째, 펜들베리의 「10단계론(Pendlebury's 10 Steps)」입니다.

① 비전을 정리하라.

② 자원을 동원하라.

③ 촉진하라.

④ 이끌고 나아가라.

⑤ 전달하라.

⑥ 동조자를 얻어라.

⑦ 감정을 조절하라.

⑧ 권력을 다루어라.

⑨ 훈련하고 코치하라.

⑩ 활발하게 커뮤니케이션하라.

셋째, 리핏의 「7단계론」입니다.

① 문제를 분석하라.

② 변화의 동기와 역량을 평가하라.

③ 변화 주도자의 동기와 자원을 평가하라.

④ 변화가 지향하는 진취적인 목적을 선택하라.

⑤ 변화를 주도하는 사람들의 역할을 선택하라.

⑥ 변화를 지속하라.

⑦ 변화 조력자를 철수시켜라.

지금의 위기 상황을 극복하는 데 이런 주장들을 참고하는 것도 방법이고 자기만의 해결책을 찾는 것도 방법입니다. 하지만 이보다 먼저 생각하고 준비해야 할 것은 다음 세 가지입니다.

첫째, 왜 이것을 해야 하는지에 대한 목적을 발견하고 조직이 공유하는 것이 먼저입니다.

둘째, 난관 극복에 대한 태도의 철학을 만들어 구성원 각자가 스스로 움직이도록 하는 것입니다. 예를 들면, "난관을 극복하는 가장 간단한 방법은 오늘 자신이 할 수 있는 일을 새롭게 하거나 다르게 할 수 있는 방법을 실행해 보면서 내일을 준비하는 일이다."와 같은 것입니다.

셋째, 신분의 위기를 느끼는 구성원에 대해 배려하는 것입니다. 이런 배려는 사실은 떠나보내는 사람들을 위한 것이 아니라 남는 사람을 위해서 필요한 조치입니다. 이런 배려는 가능하면 다른 사람의 입을 빌리는 것이 좋습니다. 예를 들면, 회사를 은퇴한 사람이나 코치에게 코칭을 받게 하는 방법입니다. 당장 이런 것을 실천하지 못하더라도 이런 생각을 하고 있음을 알리는 것만으로도 구성원들은 회사에 고마움을 표시합니다. 특히 구조 조정을 당하는 사람에게 회사가 정상화되면 다시 채용하겠다는 약속과 함께 의지를 보이고 실천하는 모습을 보이는 것도 필요합니다. 직업을 찾거나 창업 준비를 도와주는 것도 좋습니다.

천년 기업의 리더십으로 무장시키는 것도 방법입니다. 천년 기업의 리더십은 자신이 종사한 분야에서 사업을 한다고 선언한 후, 이 기업이 천년이 가게 하려면 어떻게 하면 좋을지를 찾아서 행동하도록 하는 성장 지원 리더십입니다. 성장에 집중하면 승진이나 진급을 덤으로 생각하게됩니다. 실제로 천년 기업 리더십 코칭을 받은 사람이 구조 조정 위기를 극복한 경우도 있고, 남은 직장생활을 자신의 성장 발판으로 활용하여 만족스럽게 직장생활을 마무리한 사례도 있습니다.

개인은 물론 기업에도 위기는 항상 찾아옵니다. 그래도 변화에 적응해서 살아남아야 합니다. 이런 상황 속에서 위기관리에 대한 구체적인 방법과 시스템을 가동하는 것도 좋지만 일 잘하는 사람이라면 이보다는 먼저 위기관리에 대응하는 선제적 태도의 철학을 만든 후 자신이 먼저 실천해야 합니다. 그렇게 되면 구성원들 스스로 움직이게 됨은 물론 집단 지성을 발휘하도록 할 수 있기 때문입니다. 기업가 마인드를 가진 리더라면 더욱 이 부분을 생각하고 고민하고 준비해서 실천해야 합니다. 천년 기업가에게는 더더욱 그렇습니다.

어떤 결과에도 감사하겠다는
기도는 신이 항상 들어주신다

신께서 늘, 언제나, 항상 100% 들어주시는 기도가 있습니다.
"어떤 결과에도 감사하는 마음을 갖게 해주세요!"라는 기도입니다.

지금 우리가 처한 현실은 생각보다 훨씬 어렵습니다. 여야가 극한 대립을 벌이고 있고, 경제는 마이너스 성장을 하고 있고, 집값 폭등으로 젊은이들의 내 집 갖기 꿈은 날아가 버렸다고 하는 마당에 무슨 감사할 일이 있겠느냐고 반문할 수도 있습니다. 이 말을 부정할 생각은 없지만, 난관을 대하는 태도에 따라 결과가 달라질 수 있다는 점도 생각해 봐야 합니다.

"꽃이 웃으니 내가 웃는다. 꽃이 우울하니 나도 우울하다."라는 말은 맞는 말이 아닙니다. 사실은 그 반대입니다. 내가 웃으니 꽃이 웃는 것이고, 내가 우울하니 꽃도 우울한 것입니다. 내 마음의 투영입니다.

'마르쿠스 키케로'는 "감사하는 마음은 모든 미덕의 근원이다."라고 했습니다.
① 감사하면 부정적 감정이 감소하고 행복감이 증가한다.
② 감사하면 긴장이 풀리고 스트레스가 감소한다.
③ 감사하면 맥박이 안정되고 소화가 잘된다는 경험을 누구나 한 번쯤은 해봤을 것입니다.

할 수 있다고 생각하면 완전한 해결책은 아니지만 시도해 볼 방법을 발견할 수 있습니다. 할 수 없다고 생각하면 아무것도 보이지 않게 됩니다. 용서와 감사로 이슈를 바라보면 내 마음도 편해지고 해결책도 보입니다. 분노와 질시에 찬 눈에는 해결책은 안 보이고 나쁜 놈만 보이게 합니다.

진정성 있는 감사를 하려면 먼저 '용서'와 '인정'이 필요합니다. 이것이 전제되지 않으면 감사함을 찾기 어렵습니다. 용서나 인정을 하게 되면 쉽게 감사할 일을 찾을 수 있습니다. 물론 분노한 후에 감사할 수도 있습니다. 어쩌면 이런 행동이 오히려 더 자연스러울 수도 있습니다. 하지만 이런 행동을 한 자신을 있는 그대로 인정해 주고 수용하며 감사하는 마음이 필요합니다.

작용과 반작용의 법칙이 있습니다. '법칙'이란 누가 하더라도 똑같은 결과를 얻을 수 있는 것을 말합니다. 분노와 질시, 용서와 감사 사이에도 작용과 반작용 법칙이 적용됩니다. 외부로 향한 분노와 질시는 자신의 내부로 향한 분노나 질시와 동일하게 같은 크기로 영향을 줍니다. 외부로 향한 용서와 감사도 내부로 향한 감사와 같습니다. 만약 그렇지 않다면 불일치로 혼돈 상태가 됩니다.

사건을 바꿀 수는 없지만, 시선은 바꿀 순 있습니다. 난관을 바꿀 순 없지만, 태도는 바꿀 수 있습니다. 용서와 감사의 마음으로 바라보면 해결책이 보이지만 포기하는 마음으로 바라보면 해결책이 안 보입니다. 오늘만이라도 감사하는 마음으로, 어떤 난관도 해결할 수 있다는 믿음으로 해결책을 찾아보십시오. 반드시 해결책을 발견할 것입니다. 그런 후 내일은 내일 생각하면 되고, 모레는 모레 다시 생각하면 됩니다.

이 세상에 할 일이 있는 것만큼 행복한 것도 없습니다. 특히 기업가에게 일이 있다는 것은 최상의 행복입니다. 감사와 용서를 통해 찾은 해결 방법은 오래오래 할 수 있지만, 분노와 질시를 통해 찾은 해결책은 목적을 달성하면 거기서 멈춥니다. 허무함도 느낍니다.

경쟁자나 난관이 없으면 인생은 의미나 목적 없이 혼자 뛰는 마라톤 경주처럼 재미가 없습니다. 약한 적은 나를 약하게 만들고 강한 적은 나를 더욱 강하게 만듭니다. 그러니 강한 적에게 특히 더 감사해야 하지 않겠습니까?

감사와 용서를 통해 얻은 해결책과 분노나 질시를 통해 얻은 해결책이 같을 수는 있지만 내 마음은 전혀 다릅니다. 전자는 건강도 유지하지만, 후자는 건강을 해칩니다.

어제 죽은 사람에게 오늘은 기적입니다. 우리는 오늘, 어제 죽은 사람의 기적의 하루를 사는 것입니다. 그러니 오늘을 감사하며 살아야 하지 않겠습니까? 오래가고 멀리 가려면 어떤 난관을 만나든 감사와 용서의 마음으로 해결책을 찾는 것은 자신의 건강을 위해서도 꼭 필요한 일입니다. 천년 기업의 리더라면 더더욱 그렇습니다.

태어난 것만큼이나
삶의 의미 발견은 중요하다

"인생에서 가장 중요한 이틀이 있습니다. 하루는 당신이 태어난 날이고 또 다른 하루는 당신이 태어난 이유를 아는 날입니다."

삶의 의미를 발견하는 것이 태어난 것만큼 중요하다는 점을 강조한 마크 트웨인의 말입니다.

요즘처럼 기업을 경영하기 어려운 환경에서 많은 기업가가 사업을 때려치우는 게 좋겠다는 이야기를 많이 합니다. 대한민국을 떠나서 다른 나라에서 사업을 하겠다는 이야기도 들립니다. 실제로 우리나라에 공장을 세우는 것보다 미국에 공장을 세우는 것이 인건비를 포함한 비용이 적게 들기 때문에 미국에 투자한다는 사람도 만났습니다.

농경 시대에는 인구가 곧 농업 노동력이고 국가 세금의 원천이고, 가정은 국가 경쟁력의 원천이었습니다. 노처녀가 있으면 지방 수령이 발 벗고 나서서 결혼을 시켰습니다. 가정을 꾸리게 해야 인구가 유지되고 국가가 유지되기 때문이었습니다.

마찬가지로 요즘 시대 국가 경쟁력의 기반은 기업입니다. 정부는 반드시 기업을 경영하기 좋은 환경을 만들어 주어야 합니다. 그렇지 않으면 기업도 떠납니다. 더구나 요즘처럼 국제화된 사회에서 기업을 꼭 우리나라에서 하라는 법이 없다는 것을 생각해야 합니다. 기업이 떠나면 일자리도 줄어들고 국민소득도 줄어듭니다.

존경할 만한 기업인이 없다고 질책하며, 기업을 옥죄어야 한다고 생각할지도 모릅니다. 하지만 사기꾼이 아니라면 모든 기업은 인류 사회나 국가 발전에 기여하기 위해 존재합니다.

정부에서 좋은 경영 환경을 만들어 주면 기업가에게는 더할 나위 없이 좋겠지만 현실은 녹록지 않습니다. 그렇다고 해서 남 탓만 하고 실망만 하는 것은 기업가가 취할 행동은 아닙니다. 기업가는 어떤 역경 속에서도 살아남기 위해 최선의 노력을 해야 합니다. 물론 정부의 정책을 바꾸기 위한 노력도 해야 하지만 기업은 환경 변화에 대응하기 위한 노력도 해야 합니다. "안 됩니다, 방법이 없습니다."라고 생각하면 방법은 보이지 않습니다. 하늘이 무너져도 솟아날 구멍이 있다고 생각하면 구멍이 보일 수도 있습니다. 물론 쉽게 보이지는 않겠지만, 그래도 찾아야 합니다. 기업가는 수많은 사람의 생사를 책임지고 있기 때문입니다.

마음가짐은 세상을 보는 안경입니다. 마음가짐은 우리 생각에 영향을 줍니다. 생각은 판단에 영향을 주며 판단은 행동에 영향을 주고, 또다시 결과에 영향을 줍니다. 그리고 그 결과들이 모여 미래가 됩니다. 행복이란 "지금 만족하는가!"이지만 내일도 여전히 행복할 것이라는 믿음이 전제되어야 합니다. 이 믿음은 오늘의 역경을 극복할 수 있는 좋은 원천이 됩니다.

당신이 하는 사업이나 일이 천년을 가는 기업이 될 거라고 생각해 보십시오. 밝은 미래가 보장됐다는 생각으로 현재의 난관을 어떻게 극복하면 좋을지 생각해 보십시오. 현재의 문제에만 코를 박고 생각하는 것보다 훨씬 멋진 방법을 생각해 낼 수 있습니다.

실제로 며칠 전 만난 인맥 관리 회사 사장님은 필자가 지은 책『지속성장 가능한 천년 기업의 비밀』을 보고 책에서 말해 준 방법대로 해결책을 찾다 보니 전혀 다른 해결책을 찾았다고 합니다. 그는 "자기 일에서 지금까지 의미를 발견하지 못했는데, 이 책을 통해 의미를 발견하게 됐다."라고 고마움을 표현했습니다. 결국, 자기 사업에서 '먹고 사는 것'보다 더 중요한 철학적 의미를 발견한 것입니다. 그는 천년 기업가의 마음으로 자기 사업을 다시 보게 되었고 새로운 마음으로 사업을 시작하겠다고 하면서 가벼운 마음으로 발걸음을 옮겼습니다.

사람들은 누구나 마틴 셀리그먼이 주장한 학습된 무기력(Learned Helplessness) 상태에 빠질 수도 있지만 학습된 낙관주의(Learned Optimism)자가 될 수도 있습니다. 그것은 단지 마음가짐에 달린 것입니다. 학습된 낙관주의자가 되려면 작은 성공이라도 반복해서 달성한 사람이라야 합니다.

고민이 있다면 글로 적어보십시오. 생각을 글로 정리하다 보면 심리치료도 되지만 전혀 다른 해결책을 찾기도 합니다. 구체적 방법은 이렇습니다.

① 최근 당면 과제를 글로 정리해 본다.
② 그런 다음 어떤 마음이 드는지 느낌을 적어본다. 이 과정은 마음이 안정되는 심리치료 과정이다.
③ 마음이 정리된 후에는 앞으로 할 수 있는 것들을 적어본다.

이 과정을 거치게 되면서 많은 방법이 생각나게 됩니다. 설령 당장 생각나지 않더라도 좌절하지 마십시오. 이 과정을 거쳤다는 것은 당면이슈가 정리된 것을 뜻합니다. 당면 이슈가 정리되면 해결책은 수일 내에 몰입을 통하여 새로운 것을 찾게 될 것입니다.

기업가는 자기 업에서 삶의 의미를 발견하고 좋은 기업을 만들겠다는 마음가짐으로 자기를 뒤돌아보면 전혀 다른 해결책을 찾습니다. 천년 기업을 만들겠다는 생각이면 더욱 그렇습니다. 지금처럼 어려운 기업 환경 속에서도 해결책을 찾은 어느 사장님의 이야기가 이를 증명해주고 있습니다. 당신이라고 이 사업가처럼 되지 말란 법은 없습니다. 용기를 내어 실행해 보십시오.

'구성원'은 회사의
이해 당사자인 '머슴'인가?

"구성원들은 회사의 이해관계자인가?"

많은 학자가 고용인(Employee)을 회사의 중요한 이해관계자라고 말합니다. 돈을 주고 손발을 샀기 때문일 것입니다. '고용인'이란 직설적인 말로 '머슴'입니다. 구성원이 머슴이라면 사장에게 그들은 이해관계자가 맞을 것입니다. 그런데 사장이 그들을 머슴이라고 부르면서 그들로부터 자발적 창의력을 끌어낼 수 있을까요? 불가능한 일입니다. 그들이 머슴으로 불리는 한 머슴 이상의 역할을 하지 않는 것은 지극히 정상적입니다.

누군가 이런 질문을 했습니다.

우주인이 어떤 기업에 와서 다음과 같은 일을 벌였다.

① 핵심 기술 인력은 그대로 둔 채 설비나 서류를 몽땅 가져갔다.

② 설비나 서류를 몽땅 그대로 둔 채 핵심 기술 인력을 모두 데려 갔다.

①과 ② 사례 중 어떤 경우가 더 빨리 원상을 회복할 것인가?

어떤 경우가 회복력이 빠르겠습니까? 설비와 모든 기술을 담은 서류 가 남아있으니 ①안이 회복력이 빠르겠습니까? 그렇지 않습니다.

글로 모든 것을 표현하기는 어려우므로 ②안인 핵심 기술 인력이 남 아 있는 경우가 훨씬 더 회복력이 빠릅니다. 설령 모든 자료와 설비가 사라졌다고 하더라도 그들의 머릿속에 남아있는 지혜를 서류나 장비가 따라가지 못한다는 것입니다. 일리가 있다고 생각되지 않습니까?

기업은 사람이라고 합니다. 어떻든 말은 그렇게 많이 이야기합니다. 그런데 구성원들을 머슴 또는 고용인이라고 부르면서 그들에게 기업은 사람이라고 말할 수 있을까요? 물론 용어가 모든 것을 대변해 주지는 않는다고 말할 수도 있습니다. 틀린 말은 아닙니다. 하지만 사람들은 용어의 정의를 정확히 알든 모르든 그 용어 속에 포함된 감정을 읽습니 다. 더구나 명백히 정의가 다를 경우는 두말할 필요가 없습니다.

천년 기업가라면 구성원(Member)을 머슴인 고용인(Employee)이라고 절대 불러선 안 됩니다. 그들은 곧 기업이기 때문입니다. 기업은 실체 가 없습니다. 설비는 기업이 아닙니다. 건물도 기업이 아닙니다. 기업 은 사람입니다. 사람이 없으면 기업이 아닙니다. 요즘 같은 초연결 사 회에서는 설비나 건물이 없더라도 사람들만으로, 기업을 운영하는 회 사가 있는 것을 보면 기업이 사람임이 틀림없습니다.

구성원들이 생각하고 일하는 방식이 기업 문화입니다. 그들을 보고 기업을 평가합니다. 그러므로 사장은 구성원들을 가장 소중하게 생각하고 대우해 줘야 합니다. 이들의 노력으로 다른 곳에서 비용을 절약할 수 있다면 급여도 허락하는 한 최대한 많이 줘야 하고, 최대한 좋은 복지 혜택을 제공해야 합니다.

『위대한 기업을 넘어 사랑받는 기업으로』의 저자 데이비드 울프 외 2인은 코스트코와 월마트의 사례에서 이렇게 밝혔습니다.

> "코스트코는 회사에 구성원들이 오래 근무하는 데다가 충성도도 높으므로 신입사원을 채용하고 교육하는 비용을 줄여준다. 열심히 일하면서 매출도 증가시키고 고객 충성도를 높일 수 있게 해준다. 반면에 월마트는 회사를 그만두었거나 해고된 인원을 충원하기 위해 2004년에 62만 명 신규 채용했다. 만약 월마트가 코스트코의 비즈니스 모델을 따랐다면 어마어마한 돈을 아끼면서 그들이 주장하는 '매일매일의 최저 가격'의 목표를 달성했을지도 모른다."

이 주장은 구성원들의 중요성을 다시 한번 생각하게 해줍니다. 참고로 월마트의 첫해 이직률이 50%이고 급여도 낮으며 임시직이 대부분인 데 비해 코스트코는 급여도 상위 수준이고 이직률은 6%라고 합니다.

구성원들의 자발적 창의력으로 4차 산업혁명의 파고를 넘기 위해 사장이 정성을 기울여야 할 요소는 MORIC입니다.

MORIC은 구성원인 Member, 회사 밖의 사회인 Outer World, 기업 관계사인 Related company, 투자자인 Investor, 고객인 Customer를 말

합니다.

모든 요소가 중요하지 않은 것이 없겠지만, 이 중에서 사장이 가장 공을 들여야 할 곳은 구성원들입니다. 이들이 만족해야 고객이나 사회에 만족스러운 서비스를 제공합니다. 이들이 만족하지 못하면 만족스럽지 못한 서비스를 이해관계자들에게 제공할 수밖에 없습니다.

천년 기업가는 구성원들을 인본주의 입장에서 바라봐야 합니다. 그들 각자의 개성을 존중해주고 그들이 최대의 성과를 발휘할 수 있는 곳에서 일하게 해야 합니다.

이들과 신뢰 관계를 유지하기 위해서는 다음 조건이 선행되어야 합니다.

① 회사는 투명하게 경영되어야 합니다.
② 일에서 보람을 찾을 수 있도록 권한 위임도 필요합니다.
③ 인정과 축하도 필요합니다.
④ 펀(fun) 요소가 있으면 더욱 좋습니다.
⑤ 역량 및 리더십 향상을 위해 코칭이나 교육을 해야 합니다.
⑥ 서로 협력하여 일할 수 있는 유대관계가 형성되도록 도와줘야 합니다. 그래야 그들이 자기 역량을 충분히 발휘하면서 보람도 느끼고 성장합니다. 구성원이 성장하면 회사는 자연스럽게 성장하기 때문입니다.

제2장

조직력 아포리즘 &
일 잘하는 사람의
조직 관리

··· 조직력과 화합

\#
총명한 단 한 사람의 힘으로
조직을 움직이려고 하면
반드시 틈새가 생깁니다.
조직 구성원 전체의 힘으로
조직이 운영되지 않으면 안 된다는 기준을
당신이 리더라면
반드시 구성원들에게 선언하고
행동해야 합니다.

\#
약한 인간이 원시 시대부터 살아남아
지금처럼 번성할 수 있었던 것은
한마음이 되어 서로 협력하는 데서 시작됐습니다.
여기에
조직 운영의 모든 원리가 포함되어 있습니다.

\#
내 직장보다 훨씬 좋은 직장에서도
퇴사하는 사람이 있습니다.
모든 사람이 만족하는 회사는
없습니다.

\#
조나라 상경은
자신을 모함하는 대장군 염파와 화합을 위해 피해 다녔는데
이것을 알게 된 염파는 자신을 매질하며 사죄했습니다.
그 후 나라는 강해졌습니다.
이처럼 화합을 추구하는 리더는
언제든 어느 곳이든 필요한 리더입니다.

… 시스템 관리

\#
모든 회사에 만능인 제도나 시스템은 없습니다.
단지 자기 회사 기업 문화에 적합한지 아닌지
차이가 있을 뿐입니다.
이를 잘 발견하는 것은 오로지
최고 경영자의 몫입니다.

\#
더 좋은 제도나 시스템을 도입할 경우
새로운 것의 장점이 많지 않다면
기존 방침을 유지하는 것이
훨씬 더 좋습니다.
하지만 리더의 도입 의지가 확고하다면
충분한 단점 설명과 해결 방법을 제시한 후 시행하는 것이
일관성 유지에도 좋습니다.

\#
견제 시스템이 없으면
효율적일지는 몰라도
효과적일 수는 없습니다.
특히 정책이나 금전 분야에
견제 시스템이 없다는 것은
잘못된 결정이나 범죄를
조장하는 것과 같습니다.
견제 시스템은 절제와 상호 보완을 위해서도
필요합니다.

··· 조직의 서열과 문화

\#
조직에는 공식적인 서열이나 직급 외에
심리적인 서열이 있습니다만
공인의 위치에 서 있는 리더라면
공무에 관해서는
공식적인 서열과 절차를
반드시 지켜야 합니다.

\#
조직에서
심리적 서열을 알고 싶다면
물리적 서열에서 그 해답을 찾으면 됩니다.
역사에는 수많은 이런 사례가 기록되어 있습니다.
물리적 서열이란
최고 권력자와
가까운 자리 위치나 만남의 빈도로
표시됩니다.

\#
정복당한 기업에도
본받을 만한 기업 문화가 있습니다.
정복자의 문화만 강조하면
조직 전체가 안정감을 찾지 못합니다.

\#
'과도한 고객 만족 우선 정책'이
바라지 않던
'진상 고객'도 함께 불러왔다고 판단한 몇몇 CEO는
'만족한 내부 구성원이
고객 만족을 이끌어낸다'는 정책으로
바꿨습니다.
세상 모든 것은

지나치면 독이 됩니다.
'과유불급'입니다.

#
결론이 없거나 실행이 안 되는
회의(會議)를 하게 되면
회의(懷疑)하게 됩니다.

#
역사를 바꾼 사람은
열정을 가진 젊은이입니다.
그들은 자신이 옳다고 하는 것을 실천합니다.

··· 위기관리

#
고여 있는 물은 썩지만,
흐르는 물은 맑아집니다.
유속이 빠르면 빠를수록 물은
더 빨리 맑아집니다.
조직도 이와 같습니다.

#
위험에 직면하고 있는 순간보다
더 위험한 것은 승리한 순간입니다.
승리에 도취해 겸손함을 잃고
새롭게 생긴 위험을 버려두기 때문입니다.

#
통제나 규제가 있는 곳에
숨겨진 이익 집단이 있습니다.

#
한 개의 사건 속에는
조직의 소통, 화합, 리더십, 역량, 철학, 제도와 같은
모든 잘못된 흔적이 묻혀 있습니다.
한 가지 사건을 끝까지 파 내려가면
문제점이나 장점이 고구마 줄기처럼
끌려 올라옵니다.
진면목을 알 수 있습니다

#
뇌물을 받으면
갑자기 어린아이처럼 약해집니다.
뇌물 주는 사람은
이런 약점을 잘 이용합니다.

#
자동 신념이 생기면
그 잣대로 모든 걸 바라보게 되므로
다양한 모습이 보이지 않습니다.
진영 논리는
대중의 자동 신념이 작동한 결과입니다.
기업에서 이처럼 파벌이 생기면 망합니다.
차이를 인정하면
다른 지혜를 얻게 됩니다.

··· 조직원 관리

#
칭찬은
잘하던 것을 더 잘하게 도와줄 순 있지만,
치명적인 결점까지 보완해 주지는 못합니다.

#
카드놀이 할 때 패를 보여주지 않듯이
아첨하는 사람에게는
본심을 보여주지 않는 것이 좋습니다.

#
힘없는 사람이 물러서면
동정심을 느끼지만
힘 있는 사람이 물러서면
배려심을 느낍니다.

#
아무리 좋은 칭찬도
하지 않던 사람이 갑작스럽게 하면 실패합니다.
새로운 제도가 아무리 좋더라도
칭찬만큼 좋지는 않습니다.
천년 기업 리더는
저항을 줄이기 위해
새로운 제도 도입 전에
20번 정도 사전 노출을 통해
자연스럽게 제도가 받아들여지도록 노력합니다.

#
거울은
내가 주먹질하면 주먹질하고
내가 웃으면 따라 웃습니다.
거울은 모습으로 보여주지만,
사람들은 마음으로 느낍니다.

#
똑똑하지만 비판적인 사람보다는
평범하지만, 가슴이 따뜻한 사람이
더 좋습니다.

제3장

리더십 아포리즘 &
일 잘하는 사람의
필요 역량

··· 평가와 동기 부여

\#
사람들은 누구를 만나든 매 순간
그 사람을 평가합니다.
부하도, 상사도, 동료도 친구도
평가합니다.
심지어 지나가는 사람도 평가합니다.
그런데 누군가로부터 자신도
그렇게 평가받는다는 사실을
잊고 행동합니다.

\#
무능한 리더는
자기보다 모자란 부하들로 채워
자리를 유지하지만,
유능한 리더는
철강왕 카네기처럼
자기보다 뛰어난 사람에게도
동기 부여를 통해 더 큰 성과를 달성합니다.

\#
일 잘하는 사람은
구성원들이 어떻게 하면
자존감과 성취 욕구를 느끼면서도
일에서 의미를 발견할 수 있을지
끊임없이 연구하고 실천하는 사람입니다.

\#
당신이 CEO 채용 면접관이라면
어떤 질문을 하시겠습니까?
그 질문은
무엇을 알아보려는 질문입니까?

#
자기 팀원의 성과임에도
윗분이나 주위 사람과 소통이 부족하여
구성원의 성과를 제대로 인정받지 못하게 한 리더를
구성원들은 참지 못합니다.
그들은 열정을 회수하고
스스로 물러나라는 암시도 하지만
상사를 떠나기도 합니다.

#
인간은 누군가로부터
"좋아한다."라는 말을 들으면
자신도 "좋아한다."라고 말하고 싶은
충동 심리가 있습니다.
그러므로 누군가와 친해지고 싶다면
"그의 이런저런 점이
먼저 말하면 됩니다.

#
"모든 구성원이 A급"이라고 말하는 리더는
구성원의 장점에 맞는 일을 찾아준 사람입니다.
"쓸 만한 놈, 한 놈 없다"라고 말하는 리더는
단점만을 발견한 사람입니다.

#
늘 혼자만 바쁜 리더는
구성원의 장단점을 활용하여
역량을 육성하지 않았거나
존재감이 없게 만든 리더입니다.

#
리더는 내면으로는 겸손해야 하지만
구성원들의 성과나 능력을 알리는 데
겸손할 필요는 없습니다.

··· 배려와 이해

#
사랑과 배려는
정성을 기울여 모든 것을 다 주는 것에 더하여
참고 기다리는 것도 포함됩니다.

#
100% 자신을 이해해 주는 리더를
원하는 것이 아닙니다.
불가능하다는 것을 알기 때문입니다.
단지 원하는 것은
이해하기 위해 노력하는 리더일 뿐입니다.

#
최악의 상사는
윗사람에게는 아부하면서
아랫사람에게만 강한 사람입니다.
이런 상사는 직장을 은퇴하면
아무도 찾는 이 없는
쓸쓸한 삶을 살게 됩니다.

#
상대에 대한 기대치를 조절하라는 의미는
참으라는 의미가 아니라
있는 그대로를 인정하라는 의미입니다.

#
겸손하게
사람들의 의견은 경청하고
있는 그대로의 능력을 잘 활용하도록
지원해 줌으로써
천하 통일이라는 대업적을 남긴 진시황이었지만
교만해지자

그의 사후 4년 만에
진나라는 멸망했습니다.

··· 소통 능력

\#
나는 지시하는 리더입니까?
질문하는 리더입니까?

\#
서울대생도
물리학과 미적분 과외가 급증하고 있다고 합니다
4차 산업혁명에서 과연 우리의 미래는
어떤 모습일까요?

\#
커뮤니케이션을 잘한다는 것은
말을 잘하는 것이 아니라
상대의 이해에 눈높이를 잘 맞추는 것입니다!

\#
리더는
간결하고 쉽게 말해야 합니다.
말이 길어지면
구성원들은 무엇에 집중해야 할지
핵심을 모릅니다.
바쁜 리더라면 더욱 그렇습니다

\#
집단의 힘은
일반적으로 개인보다 강합니다.
하지만

너무 강한 카리스마를 가진 한 명을
모두 추종하는 상황이 발생하면
오히려 집단 지성이 퇴색합니다.
리더의 능력은
구성원들 능력의 총합보다
작은 경우도 있지만
큰 경우도 있습니다.

#

리더에 따라 링겔만 효과를 내거나
시너지 효과를 냅니다.

#

나를 도와주는 사람보다
내가 도움을 줄 수 있는 사람이 더 편한 이유는
누군가를 도와줄 때
자신의 존재감과 행복을 느낄 수 있기 때문입니다.

#

청산유수처럼
말만 잘하는 사람보다
어눌하더라도 진정성 있는 사람에게
더 호감이 갑니다.
부족함을 솔직하게 보여주고
도움을 요청하면 사람들은 기꺼이 도와줍니다.

#

산업 심리학자 보드와 프리츠는
임원 승진 대상자 중 3.5%가 사이코패스라고 했습니다.
이들은 직장을 지옥으로 만들기도 하지만
분노나 모욕의 힘으로 성과를 내게도 합니다.
이들의 생존 이유입니다.
그런데 중요한 것은
이들의 성과에는 한계가 있다는 점입니다.

#
마음 기댈 사람
하소연할 사람이 있다는 것은
그 어떤 신앙보다도 힘이 됩니다.
사람은 사람에게서 용기와 힘과 마음의 위안을 더 많이 받습니다.

··· 변화와 적응력

#
어제의 성공 방법이
오늘은 통하지 않습니다.
하물며 과거 성공 경험이야
말해 무엇하겠습니까!

#
기업가 마인드로 일하기도 하지만,
노예 마인드로 일할 때도 있습니다.
차이는 '어느 쪽의 비중이 더 크냐!'입니다

#
만약에 리더가
급변의 시대에 선제 대응해야
살아남는다는 것이 사실이라면
그 자리에 머물기 위해서는
더욱더 큰 희생과 노력이 필요합니다.

#
역경 속에서
유머를 할 줄 아는 리더의 영적 수준은
최상위입니다.

#
장기판의
판세를 모르는 사람이
리더가 되면
구성원들이
생고생하게 되고
일도 빛나지 않습니다.

#
고기가 있을 만한 곳에 낚시를 내리듯
성공하는 사람은 위기 속에서도
기회가 있을 만한 곳에 미리 가서 준비합니다.

#
어리석은 사람은
성공한 사람에게서 단점만 발견하지만
현명한 사람은
성공한 사람에게서 배울 점을 본받습니다.

#
낚싯바늘에는
물고기가 좋아하는 것을 미끼로 쓴다는 상식이
사람에게는 적용되지 않을 거라고 믿는 사람들이
예상보다 훨씬 많이 있습니다.

#
안전을 위한다고
요새에 몸을 숨기면
정보 차단이란 더 위험한 괴물을 만납니다.

#
훌륭한 임기응변은
뛰어난 몇 단계의 사전 전략을
초월하기도 합니다.

후천적 임기 웅변력 향상 방법은
평상시 발생한 주변 이슈에 대해
미리 대응 방법을 생각한 후
자기화하는 것입니다.

\#
아무거나 잘 먹고
하늘에서는 날고
물에서는 수영하고
땅에서는 걷기까지 하는 만능 재주꾼 오리족이
독수리족보다 오랫동안
급변하는 환경 변화에 적응해서 살아남아
진화하지 않을까요?

\#
비가 내리기 전에 하늘은
구름으로 징조를 나타냅니다.
미래를 보려고 노력하는 사람에게 하늘은
살짝 미래를 보여줍니다.
나타난 작은 정보에서 미래를 발견하고 준비하는 사람이
미래를 준비하는 '천년 기업 리더'입니다.

\#
가장 훌륭한 전략은
필름 시장의 최대 강자였던 코닥을
디지털카메라로 공략했던 것처럼
상대의 강한 부분 중에서 약점을 찾아서
집중 공략하는 것입니다.

\#
자신을 어떤 사람으로 단정하거나
다른 사람이 평가한 말을 너무 믿게 되면
자신의 다양한 가능성을 제한하게 됩니다.

#
거절이 두려워 내가 먼저 거절한다.
무시가 두려워 내가 먼저 무시한다.
공격이 두려워 내가 먼저 공격한다.
나의 그림자입니다.

··· 결단력과 책임감

#
신중해서 결단을 못 하는 것입니까?
해낼 수 없어서 결단을 못 하는 것입니까?
해낼 수 없음을
신중으로 가장해
결단하지 못하는 것은 아닌지요!

#
조직에 대한 충성심
사람에 대한 겸손, 뛰어난 성과는
승진 요소의 중요 순서입니다.
기분 나쁠지 몰라도 이것이 현실입니다.

#
리더의 자만심은
그 조직 전체를 파멸로 이끕니다.

#
모든 데이터를 수집한 후에
내린 결정이라고 하더라도
반드시 옳은 결정이 아니었음을 알고 있는
리더는 직관을 추가한 결정을 합니다.
이런 리더의 직관이
조직을 흥하게도 하고, 망하게도 합니다.

위기 상황에선 더욱 그렇습니다.

\#
웃고 싶을 땐
마음껏 깔깔대며 웃어도 좋습니다.
기분이 좋아집니다.
울고 싶을 땐
마음껏 소리 내 울어도 좋습니다.
눈물은 아픈 마음을 치유하는 최고의 명약입니다.

\#
말을 잘해 좋은 관계를 잘 유지하고,
감동도 주고, 좋은 평판을 얻으려고 합니다.
하지만 이보다 더 좋은 방법은
다른 사람의 말을 관심 있게 들어주는 것입니다.

\#
따르고 싶은 리더가 책임지는 리더라면
떠나고 싶은 리더는 변명하는 리더입니다.

\#
성공하는 사람은 모든 일에서
자신에게 유익한 부분을 발견하지만
실패하는 사람은 모든 일에서
자신에게 손해인 부분을 잘 발견합니다.

\#
책임을 회피하는 리더는
민주형 리더를 표방한 방임형 리더입니다.

\#
망설이면서 결정한 일은
늘 후회합니다.
내면의 목소리에 귀를 기울이지 않은 탓이죠.

#
최악의 경우를 대비하지 못한 리더를
믿고 따르기란 정말 어렵고 힘듭니다.
위대한 리더는
"최악의 경우에도 항상 모든 걸 예상하고
대책을 세우웠기 때문에
믿고 따라도 좋다."는
안정되고 서두르지 않는 모습을 보여줍니다.

#
우유부단한 리더보다는
단호한 리더가 좋습니다.
단호한 리더는 실행 의지도 굳건해서
일을 성공시킬 확률이 훨씬 높기 때문입니다.

#
자기가 모든 일을 직접 처리해야 만족하는 리더는
실무자가 되는 것이 더 어울립니다.

··· 갈등 해결 능력

#
나에 대한 반대가
내 인격까지 무시한다는 생각이 들더라도
내 의견에만 반대하는 것으로 생각하면
마음이 편해집니다.
그래야 다음에 그를 편하게 만날 수 있음은 물론
마음의 상처도 덜 받게 됩니다.

\#
"뭘, 잘못했는가?"라는 부정적 질문보다는
"잘한 것은 무엇인가?"
"만약, 더 좋은 방법을 찾을 수 있다면
어떤 방법이 있을까?"처럼
긍정적 질문이 성장에 도움이 됩니다.

\#
상대가 부정적인 말을 하면
잠깐 멈춰서서 그 말을 요약 정리 확인 후,
왜 그렇게 생각하는지 질문해보십시오!
원인을 알 수 있습니다.
해결책도 찾을 수 있습니다.
마음의 평안은 덤입니다.

\#
자신은 완전히 객관적이라고 말할 수 있는 사람이 있을까요?
누구도 이렇게 말할 수 있는 사람은 없습니다.
단지, 주관적인 객관화 노력만 있을 뿐입니다.
이런 객관화 노력이 비난받을 일은 아닙니다.

\#
'말실수! 헛말!'이라고 적어놓고
심리학에서는 '무의식의 표현!'이라고 읽습니다.

\#
진실을 보려면
견해를 내려놓아야 합니다.

\#
자기만 생각하는 사람을
나쁜 놈이라고 합니다.
암세포도 그렇습니다.

#
약점을 숨기려 하면 숨기려 할수록
사람들은 짓궂게
그 약점을 더 파헤치려고 합니다.
이럴 때 약점을 먼저 털어놓으면
공격을 멈출뿐더러
이런 행동이 자신을 믿는 행동이라 생각하고
그를 신뢰합니다.

#
극도로 잔인하거나
반항적인 사람의 마음 안에는
자신의 지위를 잃을지 모른다는
두려움이나 공포심이 깔려 있습니다.

#
화난 얼굴을 보면
갓 태어난 갓난아기도
보자마자 본능적으로
외면합니다.
호감 있는 사람이 되길 원한다면,
좋은 의상 수백 벌보다
꾸밈없는
 함박웃음을 보여주세요.

#
논쟁의 끝은 언제나
자기 입장이
옳다는 생각으로 끝납니다.
설령 완벽히 진 논쟁이었어도
그 자리를 떠나는 순간
반박 근거를 기억해 내지 못한 것을 후회하거나
새로운 논리를 준비하게 되니까요!

\#
어리다고 해서
모르고 한 것 모두를 허용하거나 용서하지는 않습니다.
어른은 두말할 필요가 없습니다.

\#
엄연히 잘못된 사실을
세 명 이상이 자꾸 이야기하면 헷갈립니다.
사실처럼 되기도 합니다.

\#
어떤 부분을 건드렸을 때
갑자기 화를 내거나 어린애처럼 반응하는 부분은
어루만져줄 필요가 있는
상처이고 그림자입니다.

\#
똑같은 칭찬인데도 싫어하는 사람이 있습니다.
하긴 어떤 칭찬도 뒤집어 보면 욕이 됩니다.
이럴 때 변명보다는 바로 잘못을 인정하고
사과하는 사람이 지혜로운 사람입니다.

\#
따라야 하지만 마음속으론 따르고 싶지 않을 때,
따르면서 때를 기다리는 전략은
죽을 만큼 힘들어서
아무나 할 수 있는 인내의 전략이 아닙니다.

\#
내 앞에서 누군가를 비난하는 사람은
다른 사람 앞에서 나를 비난하는 사람일 수도 있습니다.

\#
반대 의견에 대해 논리적인 반박이 가능하더라도
"그런 의견도 있으시군요. 참고하겠습니다."라고 말하면

길게 논쟁하지 않아도 됩니다.
인간관계에선 수학 공식처럼 누구나 아무 때나 적용되는
완벽한 법칙이란 없습니다

#
부러워도 진 것이지만
화를 내도 진 것입니다.

#
자기 생각이 틀리지 않더라도
다수의 생각과 다른 경우,
자기 생각을 겸손하게
되돌아봐야 합니다.

#
나를 험담하는 사람에 대해 내가 좋게 말하면
그 사람 말은 못 믿을 것이 됩니다.
더구나 이런 말이 그 사람 귀에 들어가면
그는 자신을 되돌아봅니다.

#
루머의 악영향을 알면서도
잘못된 정보가 퍼지게 내버려 뒀다면
그것도 리더의 책임입니다.

… 자기관리와 처세

#
화를 폭발하여
조직을 장악하려는 리더는
무능을 드러내는 것입니다.
그렇다고 화를 억누르면

본인의 건강부터 해칩니다.
리더는 명상이나 운동 등
자신만의 방법으로 화를 다스릴 줄 알아야 합니다.

\#
가장 훌륭한 연설은
적게 말하면서도 많은 것을 전달하고
극적으로 끝내면서도 여운을 남깁니다.

\#
겸손은
좋은 인간관계 유지는 물론
변화에도 대응할 수 있게 하는
최고의 지혜입니다.

\#
리더에게 명성은
힘이요 권력입니다.
왜냐하면
명성을 잃으면 사람들이 떠나기 때문입니다

\#
거짓말도 잘만 하면
감동도 주고 영감도 주고 교훈도 줍니다.
비즈니스도 됩니다.
소설이나 영화를 보면서 갑자기 떠오르는 생각

\#
맨 앞에서 달리면
앞에 보이는 것이 없으니
마음대로 행동해도 된다고 생각하면
오산입니다.
뒤에서 다 보고 있습니다.

#
태양은 어둠 속으로 사라졌다가 다시 나타남으로써
존재감을 더 드러냅니다.
평판이 나쁠 때 갑자기 사라지면 비판을 줄이고
인기가 높을 때는
신비감이 줍니다.

#
낮은 밤을 이끌고
밤은 새벽을 이끌듯이
성공은 실패를 준비하고
실패는 성공을 준비합니다.
겸손이 중요한 이유입니다.

#
칭찬이 낯 간지럽다면
감사함을 표시해 보세요.

#
침묵이나 우아한 태도가
때로는 한 장의 그림처럼
무엇보다도
강력한 메시지를 주기도 합니다.

#
"사람은 좋습니다."라는 평판 뒤에는
"성과는 내지 못한다."는 말이
포함되어 있을 수 있습니다.

#
평생 기억하고 싶은 가장 좋은 선물은
자신도 모르는 그만의 장점을 찾아
성공하도록 도와주는 것입니다.
이렇게 하려면 상당한 정성이 필요합니다.

#
"내 의견은 참고, 결정은 본인!"은
특히 사춘기의 자녀에게 필요합니다.
사춘기란 독립된 개체로 살아가기 위한 연습 시기입니다.
사춘기의 순종은 독립심과 결단력을 키울 기회의 상실입니다.

#
상대가 좋아하는 걸
조건 없이 해주는 것이 사랑이라면
집착은 내가 좋아하는 것을
상대에게 끊임없이 요구하는 것입니다.
집착은 사람을 숨 막히게 합니다.

#
세상 모든 일은
인간관계로부터 시작해서 인간관계로 마무리됩니다.
사람을 감동하게 하는 것보다
더 좋은 리더십이나 전략은 없습니다.

#
황제 지위에 있는 사람의
예측할 수 없는 행동은
조조처럼 조직을 긴장 상태로 만듭니다.
전략상 필요할 수도 있겠지만
황제 지위가 아닌 리더의 예측할 수 없는 행동은
구성원을 힘들게 함은 물론
사이코패스 취급도 받습니다.

#
삼성 같은 대기업 출신이
중소기업에 스카우트 된 후,
뿌리 내리지 못하는 이유는
옮긴 회사 구성원들의 능력과
조직 문화에 대한 존경심이나 배려심이 없기 때문입니다.

#
시기심은 자신을 성장시키기도 하지만
심하면 다른 사람의 성장을 가로막습니다.
미켈란젤로도
라파엘로가 큰 수주를 못 받도록
모함했으니까요.
시기심이 많은 사람 앞에서
자기 자랑을 하면 미움받습니다.
상사라면 더욱 그렇습니다.

#
시기심이 많은 상사를 두었다면
기발하고 훌륭한 성과를 달성했더라도
상사의 공으로 돌리고
때를 기다리면 기회가 옵니다.
이런 상황을 인사권자나 주변 사람에게
알릴 시간이 필요하니까요.

#
나이 듦에 따라
커리어나 명성도 하산길처럼 내리막인데
자존심은 시기심으로 변하여 오히려 더 커집니다.
꼰대가 되는 이유입니다.
나이 듦에 따라
겸손하게 배우는 자세가 더 필요한 이유입니다.

#
직위가 높은 사람이
자기가 맡은 직책이 일종의 짐이고 희생이자
우연인 것으로 표현하는 사람은 동정심을 유발합니다.
가까이하고 싶고, 도와주고 싶습니다.
물론 진정성 없는 가식이라고 느껴지면
더욱 분노하지만 말입니다.

\#
예상하지 못한 승진이나 승리를 했을 때는
더욱더 겸손해야 합니다.
이럴 때 지나친 자랑은
주위 사람들을 적으로 만듭니다.
하지만 부자연스러운 겸손이 속내를 들키면
더 큰 질투심을 유발하기도 합니다.

\#
사람은 자신이 잘하는 것을
조금은 과대평가하는데
이보다 훨씬 더 잘하는 사람을 만나면
존경심보다는 질투심이 일어납니다.
자신의 부족함을 깨닫게 해 줬기 때문이죠.
질투심은 열등함의 또 다른 표현입니다.

\#
강하고 힘 있는 사람을
추종하는 것처럼 보이는 사람 중에는
비굴함 속에 다이아몬드와 같은 강인함을 숨기고
게릴라전을 펼치면서
때를 기다리는 사람도 있습니다.

\#
나이가 들면 들수록 깨어있어야 합니다.
깨어있음이란 고착이나 나태함이 아닙니다.
어제의 성공 스토리를
오늘에 적용하지 않는 것입니다.
육체적인 것이 아니라 정신적이고 영적입니다.

\#
사람들은
실제 보고 들은 것을
믿으려고 합니다.

그래서 진지함과 정직은
엄연히 다른데도
진지함을 정직으로
혼동하기도 합니다.

#
"어떻게 하면 사냥을 잘할 수 있을까?"라는 질문 때문에
지금처럼 인간이 번성했습니다.
질문은 생각을 이끌고,
생각은 해답을 만듭니다.
질문은
지금도 생존에
필수 요소입니다.
오늘 어떤 질문을
자신에게 하시면서
하루를 시작하시겠습니까?

#
많은 노력을 기울여
성공한 사람의
겸손하면서도 함축된 말은
참 듣기 좋습니다.

#
세심한 배려인지
비굴한 두려움인지는
다른 사람도 눈치챕니다.

#
대답하는 사람이
대화의 주도권을 가진 것처럼 보이지만
착각입니다.
사실은 질문하는 사람이
주도권을 가지고 있습니다.

\#
수십조 개의 인체 세포
모두가 일관되게 거짓말을 하지는 못합니다.
세포 중 일부는
거짓말을 하고 있다는 신호를 보냅니다.
민감한 사람은 이 신호를 알아챕니다.

\#
카드놀이 할 때 패를 보여주지 않듯이
아첨하는 사람에게는
본심을 보여주지 않는 것이 좋습니다.

\#
고마운 일을 해주는 사람도 좋지만
나를 필요한 사람으로 대해 주는 사람은
존재감을 느끼게 해주기 때문에 더 좋습니다.

\#
완벽하지 않아도 될 때 완벽을 추구하면
잡일이 많아집니다.

\#
말을 잘하는 것보다
상황 판단을 잘하는 것이 더 중요합니다.

\#
한두 번의 모순된 행동은
신선함을 주지만,
자주 하면 믿지 못할 사람이 됩니다.

\#
'내로남불'은 인간 본성입니다.
원래 그렇습니다.
자신에게 보다 더

엄격한 잣대를 들이대는 일은
성현이나 위대한 리더만이
할 수 있는 일입니다.
보통사람에게 이것을 기대하면
자신이 먼저 상처받습니다.

\#
"모든 사람이
당신을 좋아할 수는 없는 거야!
좋아하는 사람도 있고
싫어하는 사람도 있는 거지!"라고
말하긴 쉽지만,
막상 이런 일을 당하면
조금 많이,
아니 이것보다 훨씬 더 많이
신경 쓰입니다.

\#
"난 안될 것 같아!"라고
자책하는 사람에게
그 말이
바르다고 생각되더라도
"맞아! 넌 안돼!"라고
정직하게 말하는 것보다는
거짓말이라도
용기를 주는 말이 필요합니다.
거짓말도 때로는
필요합니다.

\#
경솔한 판단 뒤에는 늘
후회라는 녀석이 따라옵니다.

#
다 내려놓았다.
더 이상 잃을 것이 없다.
다 받아들이겠다.
이렇게 되면
가장 무서운 사람이 됩니다.

#
대범함 속에 소심함을 숨긴 사람도 있지만
반대로
소심함 속에 대범함을 숨긴 사람도 있습니다.

#
많은 사람 속에서는
자신을 돌아보고
혼자일 때는 많은 사람을 돌아보는 사람은
따르고 싶은 위대한 리더입니다.

#
생각보다 훨씬 큰 능력을 갖춘 자신을
과소평가하지 마십시오.
시간이 흐른 뒤에는
"가능했었는데!"라고 후회합니다.

#
쉬운 일은 어렵게
어려운 일은 쉽게 생각하면
다르게 생각하는 것만큼
다른 해결책을 찾게 됩니다.

#
알면 알수록 모르는 게 많아지고
모르면 모를수록 배울 게 없습니다.

\#
정말 어쩌다
가끔 보여주시는 망가진 모습이
오히려 사람 같은
친근함도 느끼게 합니다.

\#
제2차 세계대전의 장본인인
히로히토, 무솔리니, 히틀러 중
천수를 누린 전범은
살아 있는 신으로
떠받들고 있는 히로히토뿐이었습니다.
그래서 일본은
두 나라와 다른 것 아닐까요?

\#
중년에 문득 찾아오는
쓸쓸함과
미래에 대한 불안감
누구나 한 번쯤 겪는
'중년 위기'입니다.

\#
진정한 고수는
먼저 상대가 바라는 것을
얻게 도와주면서
자신도 바라는 것을 얻습니다.

리더에게 평판은 권력이고 힘이다

"평판은 권력의 초석이다."

『권력의 법칙』의 저자 '로버트 그린'이 주장한 말입니다. '평판'이란 세상 사람들의 비평입니다. 평판이 나쁘면 권력도 지위도 오래가지 못합니다.

리더에게 평판은 권력이기도 하지만 리더십의 핵심이기도 합니다. 아무리 실력 있는 사람일지라도 평판이 나쁘면 좋은 리더가 되지 못합니다. 역사적으로 성공한 사람들에겐 저마다 존경할 만한 스토리가 전설처럼 전해지고 있습니다. 지금 야당에서 40대 젊은 인재를 발굴해서 대통령 후보로 만들겠다는 포부를 밝히고 있지만 그만한 평판을 얻고 있는 사람이 있느냐가 이슈입니다. 실력이 있는 사람은 있을 것입니다. 하지만 조직을 이끌어 나갈 만한 좋은 평판을 가진 사람을 찾기는 쉽지 않을 것입니다.

앞서 달리면 앞에 아무것도 보이지 않습니다. 그렇다고 해서 아무렇게나 행동해도 좋다는 말은 아닙니다. 뒤따르는 자가 보고 있기 때문입니다. 바닷가에 공들여 쌓은 모래성이 한순간의 파도에 휩쓸려 무너지듯 오랜 기간 공들여 쌓은 평판도 하루아침에 무너질 수 있습니다. 이런 실사례가 전 부산시장의 성추행 사건입니다. 3전 4기로 부산시장에 어렵게 당선된 그가 하루아침에 몰락하고 말았습니다.

이런 상황은 기업이라고 다르지 않습니다. 기업에서 리더의 평판은 아주 중요합니다. 특히 기업 총수의 평판은 기업에 엄청난 영향을 줍니다. 그래서 총수에게 안 좋은 일이 발생하면 그 기업의 주가는 폭락함은 물론 기업의 생존에도 영향을 받게 됩니다.

권력을 가지면 가질수록, 지위가 올라가면 올라갈수록 보는 사람이 많아집니다. 올림픽의 우승자처럼 높은 자리에 서게 되면 아래서 잘 보일 뿐 아니라 없던 관심도 생깁니다.

직장에서 직위가 낮다고 해서 평판이 중요하지 않은 것은 아닙니다. 평판 때문에 하위직도 승진 대상에서 빠지기도 합니다. 심지어 회사를 옮길 때 이전 회사에서 실력이 좋았더라도 인터넷 등에서 나쁜 평판이 드러나면 이직하고 싶은 회사에서 합격이 취소되는 경우를 종종 보게 됩니다.

평판이란 '내가 알고 있는 내가 아니라 다른 사람이 알고 있는 나'입니다. 내가 아무리 아니라고 해도 상대가 그렇다고 하면 그것이 평판이 됩니다. 조직에 근무하는 사람이 평판을 중요시해야 하는 이유입니다. "나는 평판에 관해 관심 없다."라고 말하는 사람은 리더의 자리에 오르지도 못할뿐더러 그 자리에 오래 머물지도 못합니다. 특히 요즘 같은 세상에서 인터넷을 조회하면 그 사람이 어떤 사람인지 즉시 알게 된다는 점도 기억해야 합니다. 아울러 아랫사람의 평판이 리더에게 중요한 것 이상으로 윗분의 한마디도 결정타가 됩니다.

좋은 평판 유지 방법으로 다음 몇 가지를 들 수 있습니다.

① 자만심을 버리고 겸손함을 유지한다.

② 유리 상자 안에 근무한다고 생각하고 행동한다.

③ 성과 목표를 달성한다.

④ 긍정적인 마인드를 갖는다

⑤ 좋은 인간관계를 유지한다.

무인도에 혼자 살지 않는 한 평판은 삶에서 중요합니다. 평판을 목숨처럼 소중히 여기는 사람도 있습니다. 특히 리더는 자신과 조직의 평판을 겸손하게 수용하고 대처해야 합니다. 그렇지 않으면 일순간에 모든 것이 무너져 내리는 아픔을 감내해야 한다는 점을 명심해야 합니다. 천년 기업가에게는 더욱 그렇습니다.

리더는 강점 속에 숨겨진 약점을 공략해야 한다

"제1야당의 입장인 기업이라면 어떻게 대응하면 좋을까요?"

정치인이 아닌 비즈니스 코치의 관점에서 이를 분석해 보고자 합니다. 사실 기업이나 정치 조직은 같은 생리를 가지고 있습니다.

제1 야당은 자리를 잡아가고 있긴 하지만 아직도 뚜렷한 방향을 보여주고 있지 못하고 있는 것도 현실입니다. 선거 완패가 그 원인일 것입니다. 여당 승리의 가장 큰 원인은 악재인 코로나바이러스를 잘 극복했기 때문이라고 봐도 좋겠습니다. 위기를 기회로 잘 활용한 사례입니다.

그렇다면 여당과 야당은 앞으로 어떻게 해야 할까요? 다른 말로 시장 쟁탈전을 벌이고 있는 기업 입장이라면 어떤 전략이 필요할까요? 여당은 승리에 자만하지 말고 겸손한 모습을 보이면서 국민을 위한 정책을 펴나가면 더욱더 국민의 지지를 얻게 될 것입니다. 반면에 출구를 찾지 못하는 야당은 특별한 대책이 없는 한 당분간 예전 모습을 회복하기 어려울 것으로 예상하지만, 해결책을 찾아본다면 어떻게 하는 것이 좋을까요?

기업 입장에서 생각해 보죠. 지금 여당이 세계적 기업이라면 야당은 중소기업입니다. 중소기업이 거대 기업과 함부로 전쟁하면 망하듯이 야당의 입장도 비슷합니다. 이런 상황에서 함부로 대기업인 여당을 공격하면 자멸을 초래할 수 있습니다. 그렇다고 가만히 앉아 있을 수만 없는 게 야당의 입장입니다. 그렇다면 중소기업인 야당은 어떤 정책으로 대처해야 할까요?

첫째, 무엇보다도 먼저 자신을 정확히 진단하고 잘못을 솔직하게 인정하고 참회하는 모습을 보여줘야 합니다.

둘째, 『손자병법』의 삼십육계 중 16계인 '욕금고종(欲擒故縱)' 자세가 필요합니다. '욕금고종'이란 큰 것을 얻기 전에 작은 것을 먼저 내주고 때를 기다리는 것을 말합니다. 국민의 관점에서 좀 더 크게 생각하고 대범하게 행동하는 모습을 보여줘야 합니다. 즉 대의명분이 필요합니다.

셋째, 적의 강점 중 약점을 공격하는 전략입니다. 권투에서 이기려면 상대의 주먹보다 먼저 다리를 움직이지 못하도록 묶어 놓으라고 합니다. 여당의 지지기반은 ① 다양한 시민 단체, ② 단단한 호남 지지층과 그 외 지지층, ③ 젊은이들의 호응입니다. 이 장점은 웬만해서 깨기 힘들더라도 여기서 해법을 찾아야 합니다.

우선 약점을 찾기 전에 야당은 국민의 지지를 얻기 위해 좀 더 큰 꿈을 가져야 합니다. 로버트 그린은 "일류 장군과 이류 장군의 차이는 그들의 전략이나 책략이 아니라 비전이다."라고 말하면서 "일류 장군은 똑같은 문제를 다른 시각에서 볼 줄 안다."라고 했습니다. 필자가 펼치고 있는 천년 기업도 이런 맥락과 연결되어 있습니다.

비전이 만들어졌다면 여당의 강점 중 약점을 찾아야 하는데, 이는 다양한 시민 단체에서 나타날 가능성이 아주 높습니다. 왜냐하면, 이들은 진중권 교수의 주장처럼 이미 기득권화했기 때문입니다. 아마도 상당한 문제점이 이들 시민 단체에서 나올 것으로 예상됩니다.

넷째, 도덕적 우위를 점하는 전략입니다. 최근 불거진 정의기억연대 사건은 도덕적인 관점으로 바라보면 해답이 보일 것입니다. 그렇다고 이들이 한 좋은 면을 깎아내리면 반대로 분노를 살 수도 있다는 점도 고려해야 합니다.

다섯째, 과거의 방식이 아니라 새로운 철학과 도덕으로 무장한 후 대의명분을 앞세우고 새로운 방법으로 싸워야 합니다.

여섯째, 하나의 조직으로 뭉쳐야 합니다. 나폴레옹은 "훌륭한 장군 두 명이 있는 것보다는 형편없는 장군 한 명이 있는 편이 낫다."라고 했듯이, 결론을 도출하기 전에는 치열한 토론이 필요하지만 일단 방향이 정해지면 일사불란하게 움직이는 조직이 필요합니다.

이상이 중소기업인 야당이 취해야 할 전략들입니다. 여당의 방어 전략은 이와 반대입니다. 여당은 특히 비대해진 조직의 움직임이 둔화하거나 환경 변화를 감지하지 못하는 것을 방지해야 할 것입니다.

어떤 조직이든 생존 전략은 비슷합니다. 정치 상황이라고 해서 기업 상황과 다를 게 없습니다. 모두가 인간이 만든 조직이기 때문에 조직의 생존 전략은 비슷할 수밖에 없습니다. 한 치 앞을 내다보기 어렵다고 해서 단기적인 해결책에 집중하는 것보다는, 가능하면 먼 미래를 바라보며 현재를 준비하는 것이 필요합니다. 그런 점에서 천년 기업가의 생각법으로 당면 문제를 바라보고 해결책을 찾아보길 권합니다.

리더의 뛰어난 임기응변은 촘촘한 전략을 초월한다

대통령 후보 중 하나인 이낙연 전 총리의 이천 화재 사망자 빈소 방문 시 나눈 대화가 화제입니다. 그는 즉시 자신의 잘못을 인정한 후 사과를 해 남다른 면모를 보였습니다. 그의 사이다 발언은 야당의 공세를 무력화시키면서도 미움을 사지 않은 것으로도 정평이 나 있습니다.

하지만 이번 이천 화재 사건 방문은 충분한 준비 없이 이루어진 것이 아닌가 싶습니다. 잘못된 말을 하지는 않았지만, 그의 답변이 자꾸만 뭇사람의 입에 오르내리고 있는 것은 평소에 그에 대한 기대가 너무 컸기 때문일 겁니다. 기대치에 못 미치는 임기응변식 답변이 평소 이낙연 전 총리에 대해 높아진 국민의 신망을 충족시키지 못했기 때문에 이런저런 말이 나오는 것입니다.

'임기응변'은 '임시변통'과는 다릅니다. 임시변통(臨時變通)이 갑자기 발생한 일을 빠르게 임시로 둘러맞춰서 처리하는 것임에 비해 임기응변(臨機應變)은 그때그때 처한 뜻밖의 일을 재빨리 그 자리에서 알맞게 대처(對處)하는 것을 말합니다. 임기응변은 요즘 유행하고 있는 날렵하고 민첩한, 또는 재빠르고 기민한 혁신 조직을 목표로 하는 경영 패러다임인 '애자일(agile)'과 유사한 개념입니다. 임기응변이 리더의 역량에 초점이 맞춰져 있는 데 비해 '애자일'은 조직에 초점이 맞춰져 있습니다.

코로나바이러스로 야기된 현재 상황은 아무도 예측하지 못했습니다. 앞으로도 이런 예측 불가능한 상황은 언제든 올 수 있습니다. 그러기 위해선 '리더의 임기응변'이나 '애자일 조직' 모두 필요합니다.

그렇다면 처음으로 돌아가서 국무총리 시절 그렇게 대응을 잘했던 이낙연 총리의 이천 화재 현장에서의 대응은 무엇 때문에 논란을 불러왔을까요? 사과의 정석, 위로의 정석으로 사이다 발언의 정석으로 일컬어졌던 그가 감정을 읽지 못하는 듯한 행동을 하는 상황은 왜 발생했을까요?

그리고 어떻게 하면 이런 상황에서도 평소 몸에 밴 자연스러운 행동이 나올 수 있을까요?

대개 임기응변이 아닌, 임시변통이 나오는 이유는 다음과 같습니다.

첫째, 자신의 경영 철학이나 삶의 철학에 진정성 있는 이타심이 없거나 부족한 경우입니다. 이런 경우 극히 사무적으로 될 수밖에 없습니다.

둘째, 자기화하지 못했기 때문입니다. '자기화'란 완전히 자기 것으로 만들어 혼연일체가 된 것입니다. 자기화가 안 된 경우 갑작스러운 상황이 발생하면 본 모습이 나올 수밖에 없습니다.

임기응변에 능통한 대표적인 인물로는 『삼국지』의 '제갈공명'을 들 수 있습니다. 그가 혼자서 거문고 하나로 적을 물리친 것이나 죽은 후에 자기 모형을 만들게 하여 사마의를 물리친 예는 대표적인 임기응변이라고 할 수 있습니다.

또 다른 임기응변의 훌륭한 예로 붉은 나폴레옹이라고 부르는 최고 전략가인 베트남의 영웅 '보응우옌잡'의 '3不 전략'을 들 수 있습니다. 그는 전투에 임할 때 다음의 세 가지 원칙을 지켰습니다.

① 적이 원하는 때에 싸우지 않는다.
② 적이 원하는 장소에서 싸우지 않는다.
③ 적이 원하는 방법으로 싸우지 않는다.

한신도 임기응변으로 '배수의 진'으로 승리했지만, 임진왜란 때 '신립' 장군은 '배수의 진'을 쳐 몰살당했습니다. 한신의 배수의 진은 구원병이 도착할 거라는 승리의 희망이 있는 배수의 진이었습니다. 하지만 신립 장군의 배수의 진은 승리의 희망은 없고 죽음만 기다리는 배수의 진이었기 때문에 결국 패배했다고 보는 학자도 있습니다.

리더는 임기응변 능력이 있어야 합니다. 타고난 임기응변 능력을 갖췄다면 좋겠지만, 그렇지 못한 경우 임기응변 능력을 배양해야 합니다. 후천적인 임기응변력을 배양하는 방법은 다음과 같습니다.

첫째, 주변에서 일어난 상황 중 자신에게 해당할 만한 상황이 발생하면 어떻게 대응하면 좋을지를 미리 생각해 보는 것입니다. 지금 보시고 있는 글처럼 말입니다.

둘째, 그것을 완전히 자기 것으로 만드는 것입니다.

셋째, 해결 방법이 자신의 경영 철학이나 조직 운영 철학에 부합하는지 확인하는 것입니다. 만약 어긋난다면 다른 방법을 찾아야 합니다. 그렇지 않으면 자기화가 안 됩니다.

넷째, 유머로 표현하는 방법을 찾아보는 것입니다. 유머는 상대를 곤란하게 하지 않으면서도 곤궁에서 일순간에 탈출하게 해줍니다.

다행히 우리 민족은 임기응변에 능하다고 합니다. 권한을 부여받은 리더가 임기응변이나 애자일로 급변하는 환경에 대응할 수 있도록 CEO는 조직을 이끌어야 합니다. 특히 임기응변은 위기 속에서 빛을 발합니다. 임시변통이 아닌 임기응변은 생존에 필수입니다. 특히 천년 기업가에게는 더욱 그렇습니다.

부하의 잘못된 행동 원인은
리더 자신에게서 찾아야 한다

　훌륭한 리더는 어떤 마음으로 일할까요? 존경받는 리더는 "일이 잘될 때는 창밖을 바라보지만 일이 안 될 때는 거울을 바라본다."라고 합니다. 일이 잘될 때는 누구를 칭찬할지 생각하지만, 일이 안 될 때는 자신을 반추하고 해결책을 자신에게서 찾는다는 말입니다. 이런 리더라면 참으로 멋진 리더 아닐까요?

　코칭을 하다 보면 늘 "바쁘다 바빠!"를 외치면서 "쓸 만한 놈 한 명도 없다!"라고 한탄하는 리더가 있는가 하면 "부하의 잘못된 행동이나 태도를 고치고 싶은데 어떻게 하면 좋을지!"라며 질문하는 리더도 있습니다. 부하의 역량이 부족하다 보니 리더는 늘 바쁘다는 것입니다. 부하가 좋은 행동이나 태도를 보이지 않기 때문에 조직을 한 방향 정렬시키기가 어렵고 성과를 내지 못한다는 것입니다.

　하지만 이런 생각이 옳은 것일까요? 이런 리더에게는 이런 통찰의 질문을 해 봅니다.

　"그렇다면 리더의 역할은 무엇입니까? 그런 조직 문화는 누가 만들었습니까?"

　지금은 고인이 되신 김수환 추기경께서 "내 탓이오!"라는 운동을 펼친 적이 있습니다. 천주교도들은 스티커를 차 뒤쪽 유리창에 붙이고 다녔던 것을 볼 수 있었습니다. 아마도 남 탓만을 하는 세태를 일깨우기 위한 운동이었으리라 생각됩니다.

　정치인들을 보면 자신이 잘못한 것은 하나도 없습니다. 자신은 모든 걸 다 잘했다고 이야기하면서 상대의 잘못을 예리하게 지적합니다. '어떻게 그렇게 날카롭게 지적할 수 있는지?' 하는 생각이 들 정도입니다. 이러다 보니 뉴스를 보면 누가 잘못하고 누가 잘한 것인지 알 수가 없습니다. 그래서 그런지 사람들은 자기가 좋아하는 정치인들의 이야기만 무조건 추종합니다. 같은 행동을 보고 전혀 다르게 해석합니다.

이런 것 때문에 우리 사회가 극도로 분열된 것은 아닐까요? 왜곡 보도를 한다는 이유로 공중파 방송 뉴스를 안 보는 사람도 있습니다. 유튜브에서 자기가 좋아하는 사람의 방송만 보는 사람도 있습니다. 극도로 분열된 모습을 보이는 것이 지금의 현실입니다. 정치하는 사람들은 나라의 이익보다 자기의 이익만을 위해 행동한다는 어느 교수 출신 퇴직 장관의 자조 섞인 한탄이 가슴 찡하게 여운을 남깁니다.

"Inside out! Outside in!"이란 말이 있습니다. 안에서 밖을 보는 것과 밖에서 안을 보는 것을 의미합니다. 리더는 안에서 밖을 바라봐야 하지만 밖에서 안을 바라보기도 해야 합니다. 객관적으로 자신을 바라봐야 한다는 말입니다. 문제점을 자신에게서 발견해야 하고 개선을 해야 한다는 말입니다.

"쓸만한 놈이 하나도 없다!"

이 말은 자신이 부하를 육성하지 못했다는 말입니다. 자기만 혼자 바쁜 시간을 보낸다는 말입니다. 좀 심하게 이야기하면 부하의 존재감이나 성취 욕구를 말살했다는 것입니다. 리더의 역할은 부하가 일의 의미를 발견하고 역량을 키우도록 지원자 역할을 하는 것입니다. 훌륭한 리더는 부하가 일 속에서 삶의 의미를 발견하게 하고 성취 욕구를 느끼게 합니다. 그래서 부하 역시도 일 잘하는 사람으로 키워냅니다.

부하가 바람직한 행동이나 태도를 보이지 않는다는 것은 평소에 그런 행동을 묵인했거나 피드백도 하지 않았기 때문입니다. 그러면서 이심전심이 통하길 바랐기 때문입니다.

이런 것이 가능할까요? 좋은 이야기만 하고 싫은 이야기를 하지 않는 것이 리더의 바람직한 행동일까요? 전혀 그렇지 않습니다. 리더는 때로는 상대가 듣기 싫은 이야기도 해야 합니다. 오히려 역량이 뛰어난 사람은 칭찬보다는 잘못에 대해 정확히 피드백해 주는 리더를 더 좋아한다는 연구 결과도 있다는 점을 상기할 필요가 있습니다.

자한(子罕)이라는 송나라 신하가 군주에게 이렇게 말했습니다.

"백성은 상 받는 것을 좋아합니다. 이 일은 군주께서 직접 하십시오. 하지만 형벌은 제가 맡도록 하겠습니다."

이 말을 듣고 군주가 명했습니다.

"앞으로 모든 처형은 '자한'과 상담하도록 하라! 나는 좋은 일만 하겠다."

1년 후 상황이 어떻게 됐을까요? 사람들은 '자한'에게만 복종하기 시작했습니다. 『한비자』 「외저설」 '우하' 편에 나오는 이야기입니다. 이런 점을 참작할 때 리더는 공평한 상벌 제도를 운영해야 합니다. 잘못에 대해서는 분명한 피드백을 해야 합니다. 물론 피드백할 때 사전에 상대의 감정도 충분히 고려해야 합니다.

리더는 자기 조직에서 일어난 모든 일에 대한 책임이 자신에게 있다고 생각해야 합니다. 잘된 것은 물론 잘못된 것도 자신에게서 원인을 찾아야 합니다. 부하의 행동과 태도는 리더의 절대적인 영향을 받기 때문입니다. 특히 천년 기업 리더라면 부하의 바람직하지 않은 행동이나 태도에 대해 어떻게 조치할 것인지 평소에 생각해 봐야 합니다. 그리고 좋지 못한 행동이나 태도를 보일 때는 즉시 피드백해야 합니다.

거기에는 조직 운영 철학이 기초해야 합니다. 그래야 일관성을 잃지 않습니다.

헌신적인 구성원이 충성 고객을 부른다

"로고를 문신으로 새길 만큼 충성스러운 고객을 가지고 있습니까?"

이런 질문이 말이 안 된다고 생각할지 모르지만 실제로 이런 회사가 있습니다. 바로 '할리데이비슨'입니다. 모든 회사는 이런 충성스러운 고객을 갖고 싶어 합니다. 항공 회사인 '사우스웨스트항공', 아웃도어 회사인 '엘엘빈', 의류 회사인 '파타고니아', 운동용품 제조업체인 '뉴발란스', 유통 회사인 '코스트코', 대형 할인점인 '웨그먼스' 등에는 충성스러운 고객이 있습니다.

이들 회사는 고객만큼이나 구성원들도 회사에 헌신적입니다. 회사에서는 구성원들을 믿고 이들을 성인으로 대하면서 막강한 권한을 줍니다. 예를 들면 사우스웨스트 항공의 승무원들은 기분이 상한 고객들에게 무료 항공권을 줍니다. 의료업체인 엘엘빈 직원들은 다른 곳에서 산 모직 코트를 반품하는 고객에게도 새 제품을 내줍니다. 코스트코도 영수증만 제시하면 언제든 환불해 줍니다. 단 6개월 유예기간이 필요한 컴퓨터만은 예외이긴 합니다.

충성 고객을 가진 회사들은 이처럼 구성원들을 믿고 존중합니다. 평균 이상의 급여를 제공함은 물론 다양한 복지 혜택도 줍니다. 구성원에 대한 좋은 처우가 고객에 대한 서비스의 질을 높여서 매출 증대와 이익 증가로 연결된다고 봅니다.

'웨그먼스 효과'라는 말이 있습니다. 미국의 대형 할인점 '웨그먼스' CEO인 '대니 웨그먼'은 "직원 먼저, 고객은 그다음(Employees First, Customers Second)"이란 경영 철학을 실제로 행동에 옮기면서 탁월한 성과를 냅니다. 이를 '웨그먼스 효과'라고 합니다.

이 회사는 업계 평균보다 25% 많은 급여와 정리해고 금지 등의 정책을 편 결과 여러 조사에서 소비자 만족도 1위의 유통 체인이 되었습니다. 2017년 『포춘(Fortune)』지가 실시한 가장 일하기 좋은 기업 조사에서 구글에 이어 미국에서 가장 일하기 좋은 기업 2위로도 선정됐습니다. 웨그먼스의 이직률은 업계 평균 이직률(20%)의 1/4 수준인 6%입니다. 반면, 영업 이익률은 다른 마트 영업 이익률의 두 배입니다. 웨그먼스는 구성원들의 헌신을 끌어내기 위해 내부 승진만 허용합니다.

팀버랜드의 CEO 제프리 스워츠는 주말에 사무실에 나오는 구성원들이 있는지 주기적으로 확인합니다. 이런 사람이 있을 때 장비가 부족한 것은 아닌지 인원이 적은 것은 아닌지 파악해서 해결해 줍니다. 그는 "지치도록 일을 시키는 것만큼 소모적인 것은 없다."라고 강조합니다.

반면에 큰 회사이긴 하지만 '월마트'는 열악한 근무 조건과 최저 수준 이하의 급여, 질 낮은 복리 후생 제도 등으로 악명이 높습니다. 160만 명이나 되는 여직원들이 차별을 반대하는 집단 소송을 내기도 했습니다. '낮은 가격'이란 경쟁력으로 생존하고 있는 이 회사가 지금의 정책을 유지하면 얼마나 오래갈까요?

고객 만족을 얻기 위해서는 먼저 구성원들의 자발적 헌신 분위기를 만들어야 합니다. 구성원들이 인간적 대우를 받고 존재감을 느끼면서 인류 사회에 공헌한다는 보람을 느낄 때 그들은 헌신합니다. 헌신하는 구성원이 충성 고객을 만들어내는 것은 지극히 자연스러운 현상입니다.

지금과 같은 초연결 사회에서 사람들은 월급 이상의 것을 찾고 있습니다. 구성원들은 금전적 수입뿐만 아니라 심리적 수입도 원합니다. 심리적 수입이란 일에서 보람을 찾는 것이며 사회에 공헌하면서 삶의 의미를 발견하는 것입니다. 이는 다른 말로 영성적이라고 표현할 수 있습니다.

아인슈타인은 "셀 수 있는 모든 것은 중요한 것이 아니다. 중요한 것은 셀 수 없는 것이다."라고 하면서 정신적인 면을 중요시했습니다. 스탠퍼드 대학의 찰스 오레일 교수는 그의 저서 『숨겨진 힘(Hidden Value)』에서 "직원들이 정신적인 소유권을 만들어 낼 수 있는 기업 문화를 만들면 보통의 직원들도 높은 성과를 낼 수 있다."라고 했습니다. 사람은 무한한 가능성이 있는 존재입니다. 구성원들은 회사가 자신들의 이야기에 귀 기울여주고 인정해 주고 믿고 기다려 주면 보통 직원들도 훌륭한 성과를 만들어냅니다.

하트만 그룹의 창립자이자 CEO인 그는 인본주의적 경영을 하는 기업은 영혼을 가지고 있다고 했습니다. 그가 말한 영혼 있는 기업이란 '비물질적인 태도와 도덕적 가치를 옹호하면서 그런 태도로 제품을 진지하게 만드는 기업'을 의미합니다.

조직이 실패하는 가장 큰 이유는 정신적 믿음의 침해입니다. 정신적인 믿음이 침해되면 고객은 더 이상 구매하지 않습니다. 구성원들은 생산성이 떨어지고, 관련 회사는 협력하지 않습니다. 관리자는 책임을 회피하고, 주주들은 불안해하며 지역 사회는 지지를 철회합니다.

천년 기업 리더는 정신적인 믿음을 줄 수 있는 경영 철학이 살아 움직여야 합니다. 경영 철학의 밑바탕에는 인본주의가 자리해야 합니다. 구성원들을 사업의 동반자로 생각하고 인간적으로 대하면서 그들의 자발적 헌신을 도출해야 합니다. 그래야 헌신적인 구성원이 충성 고객을 만들어냅니다. 이들은 자연스럽게 회사의 이익을 창출해 줍니다. 어떻습니까? 당신도 천년 기업 리더로서 이런 회사를 만들고 싶지 않습니까?

라스트 핏 이코노미 트렌드 등을 활용한 선제 대응

"승차감 때문이 아니라 하차감 때문에 벤츠를 산 거죠!"

벤츠가 승차감은 별로 좋지 않다는 아버지의 말에 대한 아들의 대꾸라며 얼마 전 코칭 리더십 교육에 참석한 분이 들려준 이야기입니다. 하긴 요즘 벤츠는 문을 열고 내리면 벤츠 마크가 바닥에 빔으로 뿌려지는 것, 백화점이나 음식점에 가면 다른 대우를 해주는 것도 하차감에 속했을 것으로 생각됩니다. 이는 라스트 핏 이코노미(Last Fit Economy)가 활용된 예라고 볼 수 있습니다.

'라스트 핏'이란 '라스트 마일'에서 나온 말로 '사형수가 집행장까지 걸어가는 마지막 거리'를 뜻합니다. '라스트 핏 이코노미'는 '고객의 마지막 순간의 만족을 최적화하려는 근거리 경제'라고 『트렌드코리아 2020』에서 김난도 교수 등이 정의하고 있습니다.

어려운 경제환경 속에서 많은 기업이 어려움을 견뎌내지 못하고 도산하는 기업도 있겠지만 어떤 기업은 시대의 흐름에 선제적으로 대응해 성장하는 기업도 있을 것입니다.

천년 기업가라면 PTRG(people, Technology, Resource, Governance)의 변화를 연구하고 선제적으로 대응해야 합니다. 얼마 전 모 그룹 부회장은 "요즘 같은 상황에서는 해결 방법 찾기는 불가능한데 어떻게 하면 좋습니까?"라는 질문을 하면서 어려움을 토로했습니다.

기업 환경은 어려울 때도 있고 좋을 때도 있지만 지금처럼 앞이 깜깜하기는 처음이라는 것입니다. 맞는 말입니다. 그러나 "오너인 부회장께서 방법을 찾을 수 있다는 생각으로 하면 찾으면 찾을 수도 있겠지만, 방법이 없다는 생각을 하면 못 찾지 않겠느냐는 이야기를 하면서, 먼저 부회장께서 방법이 있다는 생각으로 사람들도 만나고 책도 보고 코칭도 받아보는 것이 좋겠다."라고 했더니 수긍하셨습니다.

결국, 최고 경영자가 할 수 있다는 생각으로 성심성의껏 노력하면 방법을 찾을 수도 있고, 찾지 못할 수도 있겠지만 방법이 없다고 생각하면 100% 찾지 못할 것입니다.

기업가는 미래가 어떻게 변할지 꾸준히 연구해야 합니다. PTRG인 사람, 기술, 자원, 관리 제도의 변화에 대해 끊임없이 연구하면서 이를 잘 활용할 방법을 늘 생각해야 합니다. 이를 위해 관련 분야의 전문가나 코치를 만나는 것도 좋습니다. 이것이 어렵다면 책을 읽는 것입니다. 지금처럼 미래 변화를 예측하기 어려운 적이 없었다고 하지만 그래도 많은 연구자가 다가올 미래에 대한 연구자료를 발표하고 있습니다. 『트렌드 코리아 2020』도 마찬가지입니다.

『트렌드 코리아 2020』에서 김난도 교수 등은 10대 트렌드로 다음 열 가지를 들었습니다.

① 멀티 페르소나(Me & Myselves): 상황에 따라 서로 다른 정체성을 가지는 것. 구스타프 융은 인간은 1천 개의 페르소나를 가지고 있어서 상황에 따라 페르소나를 바꾼다고 함.

② 라스트 핏 이코노미(Last Fit Economy): 마지막까지 만족을 최적화하는 것.

③ 페어플레이어(Goodness & Fairness): 공평함과 올바름에 대한 강한 추구. 이를 어기면 SNS 유포는 물론 고발도 서슴지 않음.

④ 스트리밍 라이프(Here & Now: the Streaming Life): 소유보다는 경험을 선호, 경험, 공간, 상품, 선택권을 초단기에 이용하는 방식 선호, 유목민적 라이프 스타일을 좋아함. 넷플릭스 등이 여기에 해당.

⑤ 초 개인화 기술(Technology of Hyper-Presonalization: 인공지능, 빅데이터, 사물 인식, 5G 등 최첨단 기술을 활용하여 개인의 니즈에 맞춰 줄 것 요구함. 1명이 아니라 다양한 페르소나를 가진 0.1명의 단위로 세분화한 시장의 요구 충족.

⑥ 팬슈머(You are with us, Fansumer): 자신이 직접 투자와 제조과정에 참여해 스타 상품이나 브랜드를 키워보고 싶은 니즈를 가진 소비자로 적극적인 구매도 하지만 동시에 간섭과 견제도 하는 신종 소비자.

⑦ 특화 생존(Make or Break, Specialize or Die): 극도로 개인화된 고객의 요구를 핀셋으로 골라내고 현미경처럼 찾아내어 대응해야 살

아남을 수 있음.

⑧ 오팔 세대(Iridescent OPAL: the new 5060 Generation): 58년생 개띠의 오팔을 의미하는데, 다채로운 색깔을 가진 보석 오팔처럼 다양하다는 의미를 내포. 이들은 새로운 소비자이기도 하고 생산자이기도 하며, 젊은이들 못지않거나 SNS 등을 자유자재로 활용하면서 사회의 주축으로 등장.

⑨ 편리미엄(Convenience as a Premium): 편리함과 프리미엄의 합성어로 가성비에 더하여 프리미엄급의 편리함을 요구.

⑩ 업글인간(Elevate Yourself): 성공보다는 성장을 추구하는 사람으로 삶 전체의 커리어를 관리하면서 어제보다 나은 나를 만드는 데 방점을 찍는 사람을 말합니다.

위와 같은 미래 예측 연구자료를 활용하는 것도 필요합니다. 물론 위의 내용이 모든 상황을 대변해 주지는 못하더라도 상당한 도움을 받을 수 있습니다. 자기 업의 본질을 생각하면서 내용을 참고하여 활용 방법을 찾아도 좋습니다. 미래에 대한 예측은 향후, 이런 자료를 참고하면 도움을 얻을 수 있습니다.

기업가는 자기 업종에서 활용할 가능성이 있는 분야를 발견해야 하고, 이에 대해 솔선수범해서 연구함은 물론 물론 조직 전체가 이 분야에 관심을 갖도록 해서 세상에 없던 서비스나 제품을 만들어내게 되면 남다른 경쟁력으로 새롭게 도약할 수 있습니다. 천년 기업가는 특히 현재는 물론 미래의 변화에 선제적으로 대응하기 위한 철학, 시스템, 필요역량을 실행하여 상황 변화에 대응하는 기업 문화로 만들지 않으면 안 됩니다.

자만심은 최대의 적

리더의 자만심은 그 조직이 파멸되고 난 후에야 멈춥니다. 리더가 자만심을 버리지 못하면 끝 모를 낭떠러지로 추락합니다. 리더의 자만심은 개인의 문제뿐만 아니라 조직 전체의 사활이 걸린 문제입니다. 임진왜란 때도 그랬고 일제 속국이 됐을 때도 그랬습니다. 코닥이나 노키아도 그랬습니다. 성공한 운동선수나 연예인에게서도 이런 사례를 종종 발견합니다.

위기관리 이론의 최고의 대가 '존 코터'도 기업의 도태 원인 8가지를 예로 들었는데 그 첫 번째가 '자만심의 방치'라고 했습니다. 그가 주장한 기업의 패망 원인 8가지는 다음과 같습니다.

① 자만심 방치
② 혁신을 이끄는 강력한 팀의 부재
③ 5분 안에 설명할 수 있는 비전 부재
④ 전사적으로 전파되지 못한 비전
⑤ 무사안일 관리자 잔존
⑥ 단기간 내의 가시적 성과 부재
⑦ 일찍 터트린 샴페인
⑧ 조직 문화로 승화시키지 못한 '새 제도'

왜 리더의 '자만심'이 조직을 망치는 것일까요? 자만심의 폐해를 열거해 보면 다음과 같습니다.

① 변화를 거부한다.

② 안일함을 불러온다.

③ 돕고 싶은 마음을 사라지게 한다.

④ 화합을 가로막는다.

⑤ 새로운 적을 만든다.

⑥ 적들을 협력하게 만든다.

이외에도 많은 폐해가 있습니다.

자신이 뛰어난 리더라는 생각이 들면 더욱더 자만심을 버리고 겸손해야 합니다. 조조 밑에서 웅크리고 있다가 천하를 통일한 사마의는 이렇게 말했습니다. "칼에서 가장 틈이 잘 생기는 곳은 칼날이고, 창에서 가장 쉽게 마모되는 곳은 창끝이다."라고 말입니다. 워낙 뛰어난 사마의는 자만심을 버리고 동료의 협력을 얻기 위해 자기의 아이디어를 남모르게 제공했습니다. 그 결과 그가 나라를 통치하겠다는 깃발을 들고 일어섰을 때 많은 사람이 그를 지원하고 응원했습니다.

천년 기업 리더십 과정에 참여했던 한 중소기업 사장은 천년 기업의 필수조건을 한마디로 표현하면 '겸손'이라고 했습니다. 그만큼 중요한 말입니다. 겸손은 자신을 낮추고 상대를 높이지만 자만은 자신을 높이고 상대를 낮춥니다. 겸손은 스스로 배우게 하지만 자만심은 자기주장만 하게 합니다. 겸손은 도움을 이끌어 내지만 자만심은 배척하게 만듭니다. 겸손은 변화 대응 능력을 키우지만, 자만심은 추락으로 이끕니다.

자만심은 자기만족을 불러오고, 자기만족은 변화를 거부하고, 변화거부는 소멸로 종결됩니다. 자연에서도 이런 사례가 있습니다. 인도양

모리셔스에 서식했지만 멸종한 일명 '돼지 새'라고 불리는 '도도새'가 그 사례입니다. 몸무게가 23kg인 이 새는 날개가 있으나 날지 못했습니다. 주위에 포유류가 없어서 날지 않아도 생존할 수 있었기 때문에 날개가 퇴화했습니다. 결국, 이 새는 이 섬에 도착한 인간에 의해 쉽게 생포되어 339년 전인 1681년 멸종했습니다.

벼는 익을수록 고개를 숙입니다. 자만심은 자신감과는 다릅니다. 자신감은 할 수 있다는 마음이지만 자만심은 자신이나 자신과 관련된 것을 스스로 자랑하며 뽐내는 마음입니다. 잘될 것 같은 예감이 들면 예언자가 되고 싶고 자랑하고 싶기도 하겠지만, 리더는 이런 자만심을 경계해야 합니다. 함부로 드러내선 안 됩니다. 설령 확신이 들더라도 그에 대한 모든 공은 구성원들에게 돌리며 겸손함을 표시해야 합니다. 이것이 리더의 역할이고 덕목입니다.

리더는 항상 자신의 말과 행동이 미칠 영향에 대해서도 생각한 후 행동해야 합니다. 그런데도 실수했다면 즉시 사과하는 것이 필요합니다. 하지만 그렇게 하더라도 원래의 모습으로 되돌아가지는 못합니다. 실수를 만회하기 위해, 그보다 수십 배 노력이 필요합니다. 특히 천년을 이어갈 기업을 만들고 싶은 리더에게 겸손은 필수 덕목이란 점을 잊지 말아야 할 것입니다.

보이지 않는 내부의 위험이 더 치명적이다

우주에 관심이 많은 한 철학자가 밤하늘을 바라보면서 길을 걷다가 웅덩이에 풍덩 빠졌습니다. 철학자 탈레스(Thales)가 경험한 유명한 이야기입니다. 먼 곳을 바라보고 걷다가 가까운 곳을 보지 못한 것입니다. 리더도 마찬가지입니다. 아무리 원대하고 높은 꿈을 가졌더라도 현실의 어려움을 극복하지 못하면 미래가 없습니다. 리더에게 현실은 그 무엇보다도 중요합니다. "강한 것이 살아남는 것이 아니라 살아남는 것이 강한 것이다."라고 말한 찰스 다윈의 말을 리더는 되새겨 봐야 합니다.

위험은 외부로부터 오기도 하지만 내부 위험이 훨씬 더 위협적입니다. 외부에서 오는 위험은 눈에 쉽게 보이지만 내부의 위험은 잘 보이지 않습니다. 그래서 더 치명적입니다. 외부로부터 온 위기는 아무리 어렵더라도 구성원들이 한마음으로 협력하면 해결해 나갈 수 있습니다. 하지만 내부에서 발생한 위기는 감지하거나 해결하기가 어렵습니다.

내부에서 발생하는 위기는 내부 분열에서 시작합니다. 지금의 나라 사정이 그렇습니다. 진영 논리에 갇혀서 옳고 그름의 판단력을 잃고, 자기편인 사람은 무조건 옳다고 주장하는 반면, 상대편의 논리는 무조건 잘못됐다고 합니다. 현재 우리나라는 그 어느 때보다도 어려운 상황입니다. 그런데도 여론은 둘로 나뉘어 싸우고 있습니다. 사람들을 긁어모아 세력을 과시하고 있습니다. 이러한 내부 위기를 극복하지 못하면 우리나라는 침몰할 수밖에 없습니다.

영화 『300』은 이와 같은 교훈을 잘 말해줍니다. 300명의 전사가 좁은 접전 구역에서 적을 맞아 싸워서 연전연승하지만, 주군에게 무시당한 내부 반란자 '에피알테스'가 적에게 샛길을 알려주는 바람에 스파르타는 등 뒤로부터 공격받아 멸망하게 됩니다.

고구려 시대 연개소문도 당나라와의 전투에서 연전연승했지만, 그의 세 아들의 내부 분열로 나당 연합군에 의해 멸망했습니다.

백제의 의자왕도 '성충'과 '흥수' 같은 유능한 충신을 귀양보내거나 죽이면서 내부의 혼란이 발생하자 이 틈을 놓치지 않은 나당 연합군에게 멸망했습니다. 내부에서 발생한 이런 위기로 인해 멸망한 국가나 기업은 수없이 많습니다.

특히 초연결 시대에 사는 요즘 젊은이들은 불의를 발견하면 즉시 신고한다는 점도 상기해야 합니다. 이로 인해 최근 많은 기업이 어려움을 겪고 있습니다. 시대가 변한 것입니다. 초연결 사회에서는 과거처럼 부정을 숨길 수 없음에도 이를 알아차리지 못하면 정부든 기업이든 위기에 처하게 됩니다.

그렇다면 어떻게 하면 이런 내부 위기를 탐지하고 미리 극복할 수 있을까요? 내부로부터 위기가 발생했다는 말은 곧 구성원들이 마음이 떠났다는 말입니다. 조직이 한 방향으로 정렬(alignment)되어 있지 않다는 겁니다. 그렇다면 왜 조직이 한 방향으로 정렬되어 있지 않았을까요? 가장 큰 원인은 CEO인 경우가 대부분입니다. 즉 CEO의 행동이나 태도가 구성원들에게 위선으로 보인 경우가 대표적입니다. 지금의 우리 사회도 그렇습니다. "기회는 평등하고, 과정은 공정하며, 결과는 정의롭게"라는 아주 좋은 말이 "기회는 평등하지 않았고, 과정은 공정하지 않았기 때문에 결과가 정의롭지 않았다."는 상황을 방증합니다. 이런 상황을 보면서 어느 교수 출신 장관님이 "정치하는 사람치고 국가와 민족을 생각하는 사람 거의 없다."라고 한 말이 생각납니다. 그렇더라도 나라를 생각하는 어느 누군가가 이 어려운 상황을 극복하고 더 좋은 결속 기회를 마련해 줄 것을 기대해 봅니다.

기업에서는 내부 결속을 위해 먼저 기업가가 투명 경영, 정도 경영, 공정 경영을 하면서 구성원들과 과도할 만큼의 소통을 해야 합니다. 이런 소통을 통하여 구성원들의 마음을 얻어야 합니다.

이를 진단할 수 있는 질문 3가지는 이렇습니다.

① 나와 구성원들은 회사의 경영 이념과 핵심 가치를 제대로 이해한 후 실행하고 있는가?
② 나와 구성원들은 회사가 중요하고 긴급하게 추진하는 업무 세 가지가 무엇인지 알고 있으며 그와 연관한 일을 우선하여 추진하고 있는가?
③ 나와 구성원들은 자신의 업무가 회사와 자신에게 어떻게 도움이 되는지 알고 있으며, 일에서 보람을 느끼고 있는가?

이 질문을 통해 부족한 부분을 발견해서 보완해야 합니다.

부족한 부분을 보완한 후 구성원들이 만족했다고 해도 영원히 이것이 지속하지는 않습니다. 시대나 사람이나 변하는 것은 마찬가지입니다. 오늘 만족한 사람이 내일은 불만일 수 있습니다. 새로운 것이 필요할 때도 있지만 하던 것을 제거해야 할 때도 있습니다. 목적은 회사와 구성원들을 한 방향으로 정렬시키기 위함입니다. 회사도 바뀌어야 하지만 구성원들에게도 변화를 요구해야 합니다. 충분한 설명을 통해 이해를 도와야 합니다. 모든 사람의 동의를 얻어 변화를 시도하는 것이 어려울 수도 있습니다. 이런 경우에는 상위 20%가 선두에서 이끌도록 추진해야 합니다.

천년 기업 리더라면 항상 이런 질문을 해야 합니다.

"나의 조직의 한 방향 정렬 점수는 몇 점일까? 무엇을 해야 하고 무엇을 하지 말아야 할까?"

극한 대립, 어떻게 극복할 것인가?

지금, 우리나라는 옳고 그름의 대결이 아니라 진영 대결 양상이 벌어지고 있습니다. 회사에서 이런 상황이 벌어진다면 어떤 결과를 초래할까요? 아마도 거의 망할 것입니다. 물론 활발한 토론은 필요하지만, 극단적인 대결 양상을 보이는 것은 바람직하지 않습니다. 정치인들이 국민을 걱정하는 상황이 아니라 국민이 정치를 걱정하는 상황이 됐습니다.

당신이 만약 천년 기업 리더로서 주식회사 대한민국의 CEO라면 무엇을 어떻게 하겠습니까?

상호 대립하는 주제를 토의할 때 서로 자기의 주장만 하게 되면 대부분 결론 없는 싸움으로 끝납니다. 이럴 때 에드워드 드 보노가 창시한 수평적 사고 기법인 '여섯 색깔 모자 기법'을 활용하면 좋겠습니다.

'수평적 사고'란 다음과 같은 과정을 거칩니다. 먼저 참여자 각자는 자기가 지지하는 입장에서만 이야기하는 것이 아니라 모두가 한 번씩 상대편 입장에서 주장해 봅니다. 그다음 모든 사람에게 자기의 관점에서 주장하는 기회를 준 후 종합적으로 양측의 상황을 이해해 보는 정리의 시간을 갖는 것입니다. 그런 후 양쪽이 만족할 만한 해결 방법을 찾습니다. 이렇게 하면 싸울 이유가 없어집니다.

이런 토의를 위해 사회자가 미리 준비할 사항은 크게 다음 두 가지입니다.

첫째 토의 순서를 정하는 것입니다. 질문의 내용은 다음과 같습니다.
① 이슈는 무엇입니까?
② 현재 상황은 어떻습니까?
③ 바람직한 목표는 무엇입니까?
④ 예상 장애물은 무엇입니까?
⑤ 문제 해결을 위해 버려야 할 것은 무엇입니까?
⑥ 유지해야 할 것은 무엇입니까?
⑦ 새롭게 시도해야 할 것은 어떤 것이 있습니까?
⑧ 어떤 도움을 누구에게서 받을 수 있습니까?
⑨ 제시된 해결책은 누가 언제까지 어떻게 할 것인가?
⑩ 각자 개인은 무엇을 할 것입니까?
⑪ 누가 점검을 할 것입니까?

위와 같은 질문 내용을 토대로 상황에 맞게 이를 변형하여 자기에게 맞는 질문을 만들면 좋습니다.

둘째, 토의 방법으로 여섯 색깔 모자 기법을 활용하는 것입니다. 각 모자 색깔에 부여된 기능은 다음과 같습니다.

① 하얀 모자: 중립적, 객관적, 사실적 사고를 뜻하며 사실, 수치 등에 대한 정보 나누기
② 빨강 모자: 감정적, 직관적 사고를 뜻하며 느낌. 육감, 직관, 예감 나누기
③ 검정 모자: 부정적, 비판적 사고를 뜻하며 단점, 부정적 판단, 실패할 이유, 불가능한 항목 등에 관해 나누기
④ 노랑 모자: 낙관적, 긍정적 사고를 뜻하며 장점, 긍정적 판단, 성공할 이유, 가능성 등을 나누기
⑤ 초록 모자: 창조적, 생산적 사고를 뜻하며 새로운 생각, 재미있는 생각, 다양한 해결 방안 등을 나누기
⑥ 파랑 모자: 이성적인 사고를 말하며 생각 순서 결정, 요약, 개관, 규율의 강조, 다른 모자들의 사용을 통제 조절하기

처음으로 돌아가 봅시다. "가장 높은 곳에 이상을 두어라! 그러나 최악의 상황에도 대비해 두어라!"라는 말에서 우리나라가 잘될 것이라는 희망도 가져 봅니다. 그러나 최악의 경우를 생각한다면 아마도 좌우가 나뉘어 내전 상태까지 돌입하는 상황도 상정해 볼 수 있습니다. 이런 상황이 오지 말란 법도 없습니다. 나라나 국가가 망하는 원인은 외부에 있지 않습니다. 내부 분열로 망합니다. 외부의 위험은 결속된 내부 힘으로 극복할 수 있습니다. 자기희생도 감수합니다. 내부 결속이 탄탄하면 어쩌다 설령 점령당했더라도 다시 일어설 수 있습니다. 하지만 내부 분열로 망하면 회복이 어렵습니다. 이런 의미에서 나를 포함한 모두에게 한마디 하고 싶습니다.

"당신이 만약 주식회사 대한민국의 CEO라면 지금 무엇을 어떻게

하겠습니까?"

리더에게 필요한 것은
대답 능력이 아니라 질문 능력이다

리더에게 필요한 능력은 대답 능력이 아니라 질문 능력입니다. 특히 구성원들에게 자발적 동기 부여를 이끌어 내려는 리더라면 질문 능력을 배양해야 합니다. 질문으로 이끌어 낸 답은 실행력이 높기 때문입니다. 유도 질문이 아니라면 말입니다.

로손(Lawson, 1997), 카츠&밀러(Katz&Miller, 1996), 레이보우위즈(Leibowiz), 케이&패런(Kaye&Farren, 1986) 등 많은 코칭 연구 학자들이 질문의 중요성에 관해 이야기했듯이 코칭에서 질문은 매우 중요합니다. 물론 공감이나 경청으로 상대의 마음을 먼저 여는 것이 선행되어야 합니다. 유능한 리더는 평소 관찰을 통해 공감할 만한 일들을 말함으로써 상대의 마음을 열게 합니다. 그런 후 질문합니다.

문제는 질문이 쉽지 않다는 점입니다. 그래서 코치가 고객을 만날 때 가장 많이 고민하고 준비하는 것이 질문입니다. 마찬가지로 리더가 구성원들을 만날 때 반드시 준비해야 할 것도 '질문'입니다.

리더들은 말합니다. 요즘 젊은 세대는 자기와는 다른 종족이라고. 알수 없다는 겁니다. 그래도 알아내야 합니다. 이들이 고객도 되고, 구성원이 되기 때문입니다. 이를 위해 가장 손쉬운 방법이 질문입니다. 앞으로 모든 리더는 질문하는 코치형 리더가 되어야 합니다. 그렇지 않으면 구성원들과 성과를 창출하지 못하기 때문에 생존할 수 없습니다.

질문은 논리적이고 간결해야 합니다. 질문이 어려우면 예를 드는 것도 좋습니다. "건강을 위해 무엇을 하세요?"라는 질문보다는 "참, 건강해 보이시네요. 건강을 위해 저는 요즘 헬스를 하는데, 어떻게 그렇게 건강을 잘 유지하시나요?"처럼 하는 것이 좋습니다.

질문은 구체적이어야 합니다. "회사 발전을 위해 무엇을 하면 좋을까요?"처럼 질문이 너무 크면 대답하지 못합니다. "소통하는 기업 문화를 만들려면 어떻게 하면 좋을까요?"처럼 구체적으로 질문하는 것이 좋습니다.

상대의 처지에서 질문하고 생각해야 합니다. 비언어적 요소에도 관심을 가져야 합니다. 소통에서 말의 내용이 차지하는 비중은 7%라고 메라비언이 주장했듯이 비언어적인 요소인 몸동작, 손짓, 표정 등도 중요합니다.

상대가 말할 때는 몰입해야 합니다. 처음에는 상대의 패션이나 소품에 대한 긍정적 의미의 질문으로 시작해서 공감하면 좋습니다. 상대의 직업이나 관심사를 질문하는 것도 좋고, 논리보다는 감성적인 질문을 하는 것도 좋습니다. 상대가 "예"라고 말할 수 있는 질문으로 시작해서 상대가 자신도 모르게 마음을 열게 하는 것도 좋습니다.

개방형 질문이 좋긴 하지만, 시간이 없을 때나 결정이 필요할 때는 선택형 질문도 필요합니다. 선택형 질문이란 "월요일 오후 2시나 화요일 오후 3시에 한번 뵙고 싶은데, 시간 되시나요?"처럼 하는 것입니다. 영업 전문가는 특히 선택형 질문을 많이 합니다.

선택형 질문은 어떤 전제가 이미 승낙된 것으로 가정되어 있습니다. 미팅이 정해져 있지 않았는데도 그걸 건너뛴 후, 시간을 언제 정하면 좋을지 질문하는 것입니다. 이런 질문으로 미팅 일정을 잡는 것이 "언제 만날 수 있는 시간이 있나요?"와 같은 질문보다 훨씬 수월합니다.

한편 상대와 가까워지기 위해서는 먼저 자기 자신의 약점을 드러내면서 질문하는 것이 좋습니다. 예를 들면, "어떻게 서울대에 입학시키셨는지 알려주실래요?"라고 질문하는 것보다 "우와! 어떻게 서울대에 입학시키셨어요. 우리 애는 서울에 있는 대학만 가도 좋겠는데, 엄두가 나지 않네요! 혹시 방법이 있을까요?"라고 질문하면 상대는 "물론이죠. 이렇게 하면 가능해요."라고 기분 좋게 말해 줄 확률이 높아집니다.

모르는 상대라면 내 신상부터 먼저 말하고 상대에게 질문하는 것이 좋습니다. "저는 서울 ○○동에 사는 누군데요, 여긴 처음입니다. 댁은 어떠신지요?"처럼 말입니다.

피터 드러커는 기업가에게 이런 질문을 던졌습니다.

① 미션은 무엇인가? 왜, 무엇을 위해 존재하는가?
② 고객은 누구인가? 반드시 만족시켜야 할 대상은 누구인가?
③ 고객 가치는 무엇인가? 그들은 무엇을 가치 있게 생각하는가?
④ 어떤 결과가 필요하며 그것은 무엇을 의미하는가?
⑤ 계획은 무엇인가? 앞으로 어떻게 할 것인가?

리더라면 자신만이 평생 간직할 질문 하나쯤 마련해야 합니다. 스티브 잡스는 "이게 최선인가?"라는 질문을 입에 달고 살았고, 베토벤은 "귀가 들리지 않으면 작곡을 할 수 없는 걸까?"라는 질문을 늘 하면서 명곡을 작곡했습니다.

천년 기업가 과정을 운영하는 필자가 늘 하는 질문은 "인간의 근본은 무엇이며 어떻게 동기 부여되는가, 무엇을 어떻게 하면 천년 기업을 만들 수 있을까?"입니다.

가장 힘든 리더는
예측할 수 없는 리더

"함께 일하기 가장 힘든 리더는 누구일까요?"

예측 불가능한 리더, 변덕스러운 리더, 기준 없이 평가하는 리더입니다. 자신이 리더의 위치에 있다면 자문해 보십시오.

"나는 예측 불가능한 리더는 아닐까? 아침에 명령을 내렸다가 저녁에 바꾸는 조변석개(朝變夕改)식 지시를 하지는 않는가? 번복을 죽 끓듯 해서 귀가 얇다는 소리를 들은 적은 없는가? 과도한 예측 불가능으로 우유부단하다는 소리를 들은 적은 없는가?"

예측할 수 없는 리더라는 평판을 듣게 되면 자신도 모르게 조용히 그 자리에서 내려올 수도 있습니다. 이런 리더의 경우 심하면 심리 상담이나 치료를 받아야 하겠지만, 대부분 자신은 정상이라고 생각합니다. 설사 스스로 깨닫고 있다 하더라도 자신을 바꾸려 하지 않습니다. 오히려 이런 예측 불가능한 행동이 리더가 해야 할 일이라고 생각하기도 합니다.

실제로 코칭을 하다 보면 예측할 수 없는 행동을 의도적으로 하는 리더도 있습니다. 물론 이런 예측 불가능한 행동도 해결 방법을 찾을 때는 간혹 필요합니다. 요즘 젊은이들이 제일 싫어하는 '답정너', 즉 "답은 정해져 있으니 너는 대답만 해라."라고 하든가, '라떼는~'의 말투가 입에 붙은 리더의 경우에는 오히려 이것도 필요합니다. 여기서 '라떼는~'은 커피의 일종인 '라떼'가 아니라, '나 때는'의 요즘식 표현입니다. "나 때는 이렇게 했어!"라는 말은 젊은이들이 제일 싫어합니다. 시대와 상황이 바뀌어 더 좋은 방법이 있는 데도 자기의 성공 방식을 강요하는 리더를 요즘 젊은이들은 '꼰대'라고 부릅니다.

군주들은 권위를 지키기 위해 예측할 수 없는 행동을 하기도 했습니다. 『권력의 법칙』의 저자 로버트 그린은 다음과 같이 말했습니다.

> 만약 군주가 항상 예측할 수 있게 움직이면 신하가 군주를 통제할 수 있다고 생각하기 때문에, 종종 고의로 군주는 예측 불가능한 행동을 할 필요가 있습니다. 일관성이 없거나 의도를 알 수 없는 행동은 사람들을 불안하게 하고 함부로 행동하지 못하게 합니다. 이런 행동은 사람들이 당신에게 위협과 공포를 느끼게 합니다.

'한비자'도 "군주가 의도를 드러내면 신하는 군주에게 잘 보이기 위해 스스로 꾸미기 때문에 속뜻을 드러내지 말라."고 했습니다. 이것은 리더가 맹목적으로 자기 생각이나 방법이 옳다고 아부하는 부하를 제어하는 데 필요한 것이지, 목적이나 기준조차 알지 못하게 하라는 말은 아닙니다. 리더라면 방향이나 목적은 정하되 방법은 드러내지 말라는 말입니다. 리더 자신이 선입관이나 패러다임을 내려놓고, 구성원들의 말을 있는 그대로 경청하고 자유롭게 이야기하면서 해결 방법을 찾도록 지원해야 합니다.

예측 불가능한 리더는 믿고 따를 수 없는 리더라는 평판을 듣습니다. 그렇다면 무엇 때문에 예측 불가능한 리더라는 평판을 들을까요? 그것은 조직 운영 철학이나 신념이 없기 때문입니다. 신념이란 자기 자신이 굳게 믿는 마음입니다.

"철학이란 자신의 경험에서 얻은 인생관, 세계관이나 신조 따위를 이르는 말이기 때문에 개인마다 달라서 70억 개가 된다."라는 주장이 있습니다.

철학의 개념이야 그렇다 치고, 조직 운영 철학을 어떻게 만들면 좋을까요? 자신의 조직 운영 철학을 만들기 위해 사전에 몇 가지 질문에 답해 보는 것이 좋습니다. 즉 자신이 조직에서 은퇴할 때, 또는 100세 생일 파티 때 주위 사람들에게 듣고 싶은 이야기를 정리한 후, 어떻게 하면 이런 말을 들을 수 있을지 대답을 찾으면 그것이 경영 철학이나 조직 운영 철학이 됩니다.

구체적인 방법은 죽음의 문턱에서 또는 직장 은퇴 시를 고려해 다음과 같은 질문을 정리해 보는 것입니다.

① 부하에게는 어떤 고마운 이야기를 듣고 싶은가?
② 상사에게는 어떤 기여의 이야기를 듣고 싶은가?
③ 동료에게는 어떤 칭찬을 듣고 싶은가?
④ 사회로부터는 어떤 감동의 말을 듣고 싶은가?
⑤ 가족으로부터는 어떤 찬사의 말을 듣고 싶은가?

"이런 이야기를 듣기 위해 어떤 일을 하면 좋을까?"라는 고민을 하며 질문을 정리하면, 이것이 CEO에게는 경영 철학으로, 팀장이나 임원에게는 조직 운영 철학이 됩니다.

즉 다음과 같이 버전이 바뀌어 경영 철학, 또는 삶의 철학으로 자리 잡을 수 있을 것입니다.

① 부하에게 듣고 싶은 말을 실행하기 위해 이렇게 하겠다.
② 상사에게 듣고 싶은 말을 실행하기 위해 이렇게 하겠다.
③ 동료에게 듣고 싶은 말을 실행하기 위해 이렇게 하겠다.
④ 사회로부터 듣고 싶은 말을 실행하기 위해 이렇게 하겠다.
⑤ 가족에게서 듣고 싶은 말을 실행하기 위해 이렇게 하겠다.

실제로 필자는 비즈니스 코칭 마무리 단계에서 이런 작업을 합니다. 비즈니스 코칭 목표는 대부분 성과에 관련된 것이지만, 그 성과를 달성한 후에도 일관성 있는 리더로 성장하도록 돕기 위해 조직 운영 철학을 만드는 세션을 갖는 것입니다.

뿌리 깊은 나무는 바람에 아니 흔들리고, 샘이 깊은 물은 가뭄에도 마르지 않습니다. 우리의 삶도 마찬가지입니다. 확고한 신념이나 존재 의미, 삶의 가치를 발견하고 이를 정리한 경영 철학이 땅속 깊이 뿌리 내려야 흔들림이 적습니다. 강한 목적의식이 없으면 폭풍이 불어닥칠 때 여지없이 넘어갑니다. 자신의 조직 운영 철학, 더 나아가서는 삶의 철학이나 신념을 가지고 있어야 일관성을 유지하면서 환경 변화에 대응하게 됩니다. 천년 기업 리더라면 더욱더 자신의 경영 철학이나 조직 운영 철학의 실천을 통해 매일매일 성장하는 자신을 발견하고 보람을 찾을 수 있어야 합니다.

"한 번 더 생각한 후 간결하고 쉽게 말하라"

　하루하루가 모여 한 달이 되고, 1년이 되고, 인생이 됩니다. 결국, 인생을 멋있게 산다는 것은 오늘 하루를 멋있게 사는 것으로 시작합니다. 독일의 철학자 짐멜(Georg Simmel)은 "이 순간을 최후의 것인 양 생각하라. 그와 동시에 어떤 순간도 당신이 하는 일이 최선이라는 생각을 하지 말라. 항상 더 높은 곳이 있다고 생각하고 지금의 난관은 높은 곳을 향하기 위한 하나의 과정이라고 생각하면서 오늘 하루에 최선을 다하라!"고 했습니다.

　만약 지금 어려움 속에 처해 있는 사람이라면 그것은 더 높은 정상에 도달하기 전에 바닥을 다지는 멋진 날을 선물로 받은 것이라고 생각해 보십시오. 아무리 어려운 일이라도 더는 방법이 없다고 말하기 전에, 한 번 더 생각하면 방법을 찾을 수도 있다는 생각으로 해결책을 찾아보십시오. 방법을 찾았든 못 찾았든 한걸음 성장한 당신의 리더십을 발견하게 될 것입니다.

　말은 자신을 외부에 알리는 수단입니다. 미국 사상가 랄프 왈도 에머슨(Ralph Waldo Emerson)은 "사람들은 자신의 말이 자신의 성격을 드러내는 것인데도 의외로 그것을 잘 모른다."고 했습니다. 사람들이 아무 생각 없이 말을 함부로 한다는 말입니다.

　리더는 말을 통해 구성원들에게 자기 뜻을 전하고 업무를 지시하기도 하지만, 그 말에 대해 구성원들에게 평가도 받습니다. 때문에 리더는 말하기 전에 준비해야 합니다. 남의 잘못을 꾸짖기 전에 자신의 잘못을 돌이켜 봐야 합니다. 책망하기 전에 먼저 자신의 잘못을 되새겨

봐야 합니다. 자신에 대한 반성을 먼저 한 후 말하는 리더의 행동은 구성원에게 겸손한 사람, 신뢰할 수 있는 사람이라는 인상을 줍니다. 자신의 정열을 불태워도 좋겠다는 다짐을 하게 합니다.

즉흥적인 생각으로 하는 행동이나 말은 후회하는 일이 많게 됩니다. 그렇다고 지나치게 생각만 하면 실행력이 둔해집니다. 두 번 생각해서 옳다고 판단되면 행동하는 것이 바람직하다고 한 『논어』의 말을 참고하면 좋겠습니다.

리더가 하는 말은 다음의 요건을 갖춰야 가장 이상적입니다.

첫째, 간결하고 쉬워야 합니다. 말을 장황하게 한다는 것은 핵심을 헤아리지 못했다는 말입니다. 산문은 아무나 쓸 수 있지만, 시는 천재가 쓴다고 합니다. 리더는 간결하고 핵심을 놓치지 않는 쉬운 말을 하기 위해 많이 노력해야 합니다.

둘째, 리더의 말은 일관성이 있어야 합니다. 일관성이 있으려면 먼저 몸소 실천하는 조직의 운영 철학, 또는 경영 철학이 밑바탕에 뿌리 내려 있어야 합니다. 그렇지 않으면 일관성을 잃게 됩니다.

셋째, 말하기 전에 글로 써 보는 것입니다. 이런 과정을 통해 자기 생각을 정리할 수 있습니다. 필요할 경우 명언이나 좋은 말을 인용하기 위해 책을 볼 수도 있습니다. 이런 과정을 통해 자신의 철학은 물론 지혜도 성장하게 됨은 물론 성찰의 시간도 갖게 됩니다.

넷째, 말할 내용이 정리되었으면, 명상 시간을 가지는 것입니다. 명상은 편안한 상태에서 자신의 말하는 모습을 떠올린 후, 상대가 내 말을 어떻게 듣는지, 무슨 말을 하려고 할 것인지 등에 대해 생각해 보면 차분해집니다. 이때 많은 아이디어도 떠오르는데, 이것을 보완하면 좋습니다.

다섯째, 충분한 준비를 했으니 실패해도 좋다는 생각으로 편안하게 말하는 것입니다. 꼭 성공해야 한다는 마음가짐은 좋은 점도 있지만, 너무 심한 긴장으로 인해 부자연스럽거나 실수에 실수를 연발하게 되기도 합니다. 그냥 자신의 생각을 있는 그대로 표현하겠다는 생각이면 좋습니다. 사소한 실수는 인간미로 받아들여지기 때문입니다.

리더는 소통을 통해 리더십을 발휘합니다. '이심전심'은 부처님이나 가능할 뿐, 평범한 인간은 불가능하다는 것을 누구나 압니다. 하지만 실제로는 소통 없이 이심전심을 원하고, 그렇게 행동하는 리더를 많이 봅니다. 결국, 이로 인해 큰 어려움을 겪는 경우를 자주 봅니다.

이런 노력이 무엇 때문에 필요하냐고 질문하지 마십시오. 성공한 많은 리더를 만나보면 그들이 구성원과의 소통을 위해 대화에 앞서 평범한 사람보다 훨씬 더 많이 준비한다는 사실을 알게 됩니다. 그들은 이런 과정을 통해 구성원들의 마음을 얻게 됨은 물론 자발적 동기부여를 이끌어냅니다.

지금 구성원을 만나는 이 순간이 그와 최후의 만남이라고 생각해 보십시오! 무한한 가능성이 있는 하나의 인생을 만나서 그에게 도움을 주거나 동반자로서 같이 성장하겠다는 생각으로 대화를 해 보십시오. 과거와는 전혀 다른 자신을 대면할 것이고, 스스로 대견하게 생각할 것입니다. 천년 기업 리더라면 반드시 그렇게 해야 합니다.

제4장

소통력 아포리즘 &
소통 리더의 실행력

… 끈기

\#
작심삼일이라고 해서
자책하거나 좌절하지 마십시오.
생각해 본 것만으로도 대단한데
3일이나 해 보지 않았습니까?
다음에도 기회가 된다면 작심삼일을
한 번 더 해 보십시오.
그런 날이 많아지게 되면 이미 실행하고 있는 것이 됩니다.

\#
와신상담(臥薪嘗膽)
적이 모르게 하는 것입니다.
드러내 놓고 하는 것이 아닙니다.

… 인재 관리

\#
쓸 만한 놈이 한 놈도 없다고 하시는데
누가 조직을 그렇게 만들었습니까?

\#
자랑스럽게 생각하는 것을 더욱 드러나게 해주고
감추고 싶은 것은 드러나지 않게 해주는 배려도
때로는 필요합니다.

\#
예스맨은 좋기도 하지만
싫기도 합니다.
좋은 모습만 보여줘야 하는 게 너무 힘들거든요.
더구나 가끔은 나쁜 짓, 못된 짓도 해야 하고

야단도 쳐야 하는데 그걸 못하기도 하고
현재에 만족하게 해서 성장을 가로막기도 하기 때문입니다.

#
늘 혼자만 바쁜 리더는
구성원의 장단점을 활용하여
역량을 육성하지 않았거나
존재감이 없게 만든 리더입니다.

#
칭찬은
잘하던 것을 더 잘하게 도와줄 순 있지만
치명적인 결점까지 보완해 주지는 못합니다.

··· 언행

#
리더의 말은
아무리 사적인 자리에서 사적인 행동이라 해도
이를 듣는 부하의 처지에서는
공적으로 받아들인다는 사실을
고려하고 행동하지 않는 리더는
위대한 리더가 아닙니다.

#
리더는 자기 말이 미칠 영향에 대해서도
반드시 생각한 후 말해야 합니다.
사전에 깊은 생각 없이 말하는 사람이
리더가 되면 절대 안 됩니다.
칭찬도 때와 장소와 방법에 따라
오히려 독이 되기도 하는데,
하물며 일반적인 말은 말할 필요가 없습니다.

#
말로 입은 상처 천 년!
말로 입힌 상처 이틀!

#
정치인이나 기업가가 남에게 보여주는 것을 '쇼'라고
헐뜯는 사람도 있습니다.
하지만 이런 '쇼'조차 제대로
못 보여주는 사람보다는 낫습니다.
진정성이 있다면 더욱 좋겠지만 말입니다.

#
행동하기 전 생각한 후
선택하십시오!

#
모호하게 거절 의사를 표시하는 것보다
거절 의사를 분명하게 표시하는 것이 아무리 좋다고 하더라도
공손하게 거절 이유를 표시하지 않으면
원수지간이 되기도 합니다.

#
말이 많으면 수다스럽다고 하고
말이 적으면 알 수 없는 사람이라고 합니다.
말만큼 하기 힘든 것도 없습니다.

#
입안에는
호랑이가 한 마리 살고 있습니다.
잘못 단속하면 튀어나와
다른 사람은 물어뜯기도 하고
주인을 해치기도 합니다.
심하면 사망합니다.

#
"과감하고 자신 있는 자세를 취하면
과감하고 자신 있는 행동을 하게 된다."라는 심리 연구 결과는
믿어도 좋습니다.
어려운 상황이라면 지금 즉시
하늘을 나는 아이언맨 자세를 한번 취해 보십시오.
몸에 힘이 솟는 것을 느끼실 것입니다.

··· 경청과 공감

#
행여 알고 있는 것이라도 내려놓고
상대의 의견이나 생각은 어떤지 질문해 보십시오!
전혀 다른 해결 방법이나 지식 또는 정보를
얻게 됩니다.
덤으로 꼰대라는 말도 듣지 않습니다.

#
어떤 주제든
실행력을 높이려면 먼저
가슴이 울리게 한 후
머리로 생각하게 하십시오!

#
무척이나 힘들겠지만
객관적으로 담담하게
다른 사람의 이야기를 들을 수 있는 힘을
내게 주소서

#
내 이야기를 들어주는 친구에게
해결책까지 요구하는 게 아닙니다.

그냥 내 이야기를 들어주니 고마울 뿐입니다.

··· 단기 목표

#
실행력이 낮은 것이 아니라
높은 목표를 잘게 쪼개지 않았다는 말입니다.
해결 방법을 찾지 못한 것이 아니라
문제 해결을 위한 많은 노력으로 인해
에너지가 방전됐다는 말입니다.
이런 긍정적인 마인드가 필요합니다.

#
천릿길도
한 걸음부터
성공이나 천년 기업도
오늘 하루부터

#
성공이 궁극적인 목적이겠지만
이를 잠시 내려두고
오늘은
성장에 목표를 두고
한 계단만 올라가십시오.
그러다 보면 어느 순간
정상에 선 자신을 발견하게 될 것입니다.

#
"매일 아침 10㎞ 건강달리기를 하겠다."라는 목표는
잘게 나눠
"매일 아침 현관 밖에 나가겠다."처럼

작게 구체화해야 실행이 됩니다.
"천년 기업을 만들겠다."라는 목표도 마찬가지입니다.

#
나는 오늘 하루를
어떻게 마무리할 것인가?
나는 오늘 하루를
어떻게 시작할 것인가?
의욕은
시간의 흐름에 따라 감소하거나
축소됩니다.
의욕만으론 목표에 도달하기 어렵습니다.

#
오늘 하루를
멋지게 살 준비가 되어 있습니까?
그렇다면 오늘
무엇을 하시겠습니까?

#
오늘 하루가
자신을 조금 더 크게 만들기도 하고
조금 더 작게 만들기도 합니다.

#
'성공 확률이 50%'라고 되뇌면서도
결행하지 못할 때는
오늘 할 수 있는 일을 해 본 후
내일 다시 생각하길 반복하면서
결정하겠다는 생각으로 실행하면
마음도 편해지고
실패를 통해 배움도 얻습니다.

#
오늘 하루를 무료하게 보냈거나
성장의 보람을 느끼지 못했으면서도
변화된 미래를 기대한다는 것은 미친 짓입니다.

#
내일이 오지 않았을 때
내가 오늘 하지 않으면 후회할 일은 무엇입니까?
그것을 오늘 하십시오.

#
"오늘 내가 다르게 시도해 볼
멋있는 일은 무엇이 있을까?"
내가 나에게 하는 오늘의 주문입니다.

··· 존중

#
자신을 사랑하고
자녀를 존중하고
부모를 공경하는 사람으로 깨어있는 삶을 살았다면
그는 존경받을 만합니다.

#
나는
누군가에게 해충이었을까요,
익충이었을까요?

#
자존심 강한 사람을 도울 때,
생색나지 않게 은근하고
자연스럽게 도와주면

그는 정말 고마움을 느낍니다.
이런 배려심은
평생 잊지 못하기도 합니다.

#
나의 종교가
자랑스럽기도 하지만
부끄러울 때도 있습니다.
나의 동문이
자랑스럽기도 하지만
부끄러울 때도 있습니다.
사람인 걸 잊었나 봅니다.

··· 솔선수범

#
인간은 타인으로부터
신뢰받는다는 느낌을 받으면,
그 신뢰에 보답하려고 적극적으로 노력합니다.
리더가 먼저 보여줘야 할 이유입니다.

#
"다른 사람이 바뀌면 문제가 해결됩니다."라는 말은
눈곱만큼도 해결책이 안 됩니다.
해결책은 자신이 먼저
할 수 있는 일을 시작하는 것입니다.

#
윗분을 정치적으로 밀어낸 후
자리를 차지한 리더는
자신도 곧 부하의 하극상으로
밀려나게 되고

조직은 큰 위험과 혼란에 빠집니다.
수많은 역사적 사실이
이를 잘 증명해줍니다.

#
등산하다가
내가 모르는 사람이 인사하면
나도 모르게 따라서 인사합니다.
나에게 해주길 바라는 행동을
내가 먼저 해야겠다고 생각했습니다.
말해야 했는데 안 했습니다.
행동했어야 했는데 안 했습니다.
생각은 늘 하고 있었습니다.
그러다가 지옥이 되었습니다.

··· 장기 목표

#
노력한다고 모두 성공하는 것은 아닙니다.
하지만
성공한 사람들은 모두 노력했다고 말합니다.
천년 기업을 만들겠다고
모두 천년 기업을 만들진 못합니다.
하지만 천년 기업을 만들겠다고 노력한 사람 중에
천년 기업가가 나올 것입니다.

#
내가 평생
꾸준히 노력할 수 있는 목표는 무엇입니까?

··· 갈등 해결

#
공격하는 사람을
자기편으로 끌어들이려고
줄다리기를 하면 무척 힘듭니다.
이럴 땐 상대가 제풀에 넘어지도록
줄을 놓아 버리면 됩니다.

#
아무리 강한 사자라고 하더라도
공격 자세를 취한 동물은
공격하기보다는
꼬리를 감추고
도망가려는 자세를 취한 동물을
공격하는 걸 선호합니다.

#
상대의 공격에 상처받고 있다는 인상을 주면
재미를 느끼고 더욱더 공격합니다.
아무 일도 없다는 반응을 보이면 공격을 멈춥니다.

#
내가 잘해준 것 하늘만큼!
내가 못 해준 것 손톱만큼!
싸움이 일어나는 이유입니다.

··· 루틴

\#
매일 해야 할 것을
루틴으로 만들어 실행하면서
순간을 즐겨야 합니다.
그러다 보면 목표 달성은 그냥입니다.

\#
새로운 습관을 만들면
새로운 미래가 만들어집니다.

··· 감사

\#
바닥으로 떨어져 본 사람은 말합니다.
이제야 내가 지금까지 얼마나 안일하게 살았는지 알겠다고
바닥에 바닥까지 떨어져 본 사람도 말합니다.
이렇게 떨어져 보지 않았다면 감사한 일을 찾지 못했을 거라고
감사하면 배울 것도 많이 있고
다시 일어설 수도 있다고….

\#
항상 좋은 일만 수천억 년 동안 일어난다면
그것이 좋은 일인지 어떻게 알 수 있을까요?
항상 나쁜 일만 수천억 년 동안 일어난다면
그것이 나쁜지 어떻게 알 수 있을까요?

\#
'많은 성공담'보다
'많은 헌신 스토리'의
행복 크기가 훨씬 큽니다.

있는 것에 감사하고
있는 것에서 해결 방법을 찾으면
힘이 들지 않습니다.

··· 양보와 친절

#
한 발자국을 양보하면
열 발자국 백 발자국을 양보해야 한다고 생각하기 때문에
절대 양보하지 않는 사람이 있습니다.
맞을 수도 있습니다.
하지만 한 발자국을 양보하지 않으려다
뒤로 자빠지기도 합니다.

#
깃털 하나의 무게가
추락 순간 균형을 깨뜨리듯
깃털처럼 아주 작은 친절이
낭떠러지에서 돌아서게도 합니다.

··· 극복

#
내가 안 된다고 말할 때
누군가는 된다고 생각하고 행동할지도 모릅니다.
혹시 당신에게 될 방법이 있다면
어떤 방법일까요?

\#
오늘의 위기는 미래의 추억이 됩니다.
어떤 추억이 될 것인지는
오늘의 선택과 집중에 달려있습니다.

\#
코로나바이러스 위기입니다.
그런데 이런 위기를 기회로 만들고
준비하고 행동하는 사람들이 있습니다.
당신도 할 수 있습니다.

\#
다른 사람을 비판하고 그의 성장을 막아서면
마찬가지로 자신도 비판받고 성장 길도 막힙니다.
주위 사람들도 똑같이 그렇게 해주거든요!
그런데 그것보다도 더
자신을 막아서는 것은
자신입니다.

\#
시대가 변했다고 생각될 때
자신을 재창조하지 않으면
살아남지 못합니다.

\#
'위기는 기회란 말을 몸소 실천한 사람'은
정말 마음으로 존경하고 따르고 싶습니다.

\#
공기 속에 떨어진 공은
바닥에 닿으면 튀어 오릅니다.
물속으로 떨어진 공은
바닥에 닿지 않아도 떠오릅니다.
추락은 무섭지만

부서지는 물풍선이 아니라면
다시 튀어 오릅니다.
스프링처럼 회복 탄력성이 있습니다.

#
하늘은 큰일을 맡기기 전에
시련을 주시기도 하지만
시련을 극복했기 때문에
큰일을 맡기시기도 하십니다.

#
자랑스러운 과거가
역경 극복 속에 있었듯이
지금의 위기를 극복하면
큰 자랑거리가 생깁니다.
넘어지려는 쪽으로 핸들을 돌려야
넘어지지 않는 자전거 타기처럼
최악의 위기 상황을 가정하고
그 안에서 해결 방법을 찾아야만
당면한 위기를 극복할 수 있습니다.

#
넘어졌으면
그냥 다시 일어서면 되는 겁니다.

#
회오리바람은 내내 불지 않고
소나기도 계속 내리지 않는다.
―노자―

#
약점을 고치려고 노력하면 노력할수록
안 고쳐지는 경우가 많습니다.

이럴 때는 있는 그대로의 자신을 수용하면서
연습 삼아 약점을 고쳐보다가 안 되면
다음에 다시 시도해 보겠다고 편안하게 시도해 보는 것이
훨씬 더 효과가 있습니다.

#
다이아몬드는 숯과 같은 성분이지만
엄청난 고압과 엄청난 고열 속에서 만들어집니다.
다이아몬드처럼 빛나는 인간도 마찬가지입니다.

#
아무 이유 없이 나타난
산행길 돌부리나 웅덩이를
그냥 지나가듯
아무 이유 없이 나타난
삶의 장애물도
그냥 지나가면 됩니다.

#
멈춰서야 할 때 멈추지 못하면
낭떠러지로 떨어집니다.

#
유리 상자 안에서 근무하는
리더의 잘못된 태도나 행동은
지금과 같은 초연결 시대
의식의 변화 사회에서는
실시간으로 전 세계에
전파된다는 사실을 잊고 행동하면
절벽으로 떨어지게 됩니다.

··· 위기관리

\#
막다른 골목길에서 개(적)를 만나면
도망치는 것이 상책입니다.
맞서 싸워서 개(적)를 죽이더라도
상처는 남게 되죠.
손자병법 삼십육계(주위상) 이야기입니다.

\#
난관을 극복하는 가장 간단한 방법은
오늘 자신이 할 수 있는 일을 새롭게 하거나
다르게 할 방법을 찾아 묵묵히 실행하면서
내일 할 것을 준비하는 것입니다.

··· 공감과 소통

\#
태어난 리더보다는
스스로 다시 태어나
빼어난 자신을 만든 리더의 감동 스토리가
보다 더 짠한 감동을 줍니다.

\#
질문을 가진 사람은
책에서도, 걷다가도, 대화 중에도 영감을 얻습니다.
오늘 내가 나에게
어떤 질문을 하시겠습니까?

\#
상상의 날개를 펴고
마음껏 날게 할 수 있는 질문이 무엇일까요?

말하기 전에 자신에게 먼저
질문을 해 보십시오.
답을 주면 수동적인 사람이 되지만
스스로 답을 찾게 하면
능동적인 사람이 됩니다.

\#
화내는 사람에게
화를 내면 싸움이 되지만
잠시 멈춰서서
그의 감정을 공감해 주면
고마워한다는 걸 알면서도
내 감정을 못 다스려
그렇게 못했습니다.
나는 아직 정말
많이 멀었습니다.
하지만, 그렇더라도
다음에 다시 시도해 보겠습니다.

\#
리더는
구성원들이 듣고 싶은 칭찬도 해줘야 하지만
들어야만 할 얘기도
반드시 해줘야 합니다.
멋지게 해주면 더욱 좋습니다.

\#
다양한 의견 중 일부를
자기에게 맞게 구체화 시켜
자신의 추종 세력을 규합하는 것이
옳은 일일까요?

#
"요즘 젊은것들은 버릇이 없다."
기원전 1700년경 수메르 점토판에
적혀져 있다는 말입니다.
우리 모두
버릇이 없기는 마찬가지입니다.
자기에게 해야 할 질문은
"그들을 어떻게 하면 이해할 수 있는가?"입니다.

#
정말 상대를 설득하여
스스로 움직이게 하고 싶다면
상대 욕구를 만족하게 할 수 있는
질문 시나리오를 만들어
자신에게 먼저 질문해 본 후
자신이 설득되는지 먼저 확인해 보는 것입니다.

#
나 혼자가 아니라고 생각할 때
인간은 상상을 초월할 수 있는 힘을 발휘합니다.
가족이나 친구나 신앙이 필요한 이유입니다.

#
꼭 실행해야 할 것임에도
상대를 설득하거나 이해시키지 못하는 리더는
그 자리에서 스스로 물러나는 것이 좋습니다.
안 그러면 끌려 내려오게 됩니다.

#
삶의 무게가 너무 무거워
쓰러지려 할 때는,
깃털처럼 작은 공감 하나가
버틸 용기와 힘을 줍니다.

#
나쁜 소식을 가져오는 사람을
윗분들은 대부분 싫어합니다.
간신이나 아부꾼이 생기는 이유입니다.
리더는 이 점을 늘 생각해 봐야 합니다.

#
윗사람의 침묵은
무게감을 느끼게 하고
아랫사람의 침묵은
의심이나 불안감을 느끼게 합니다.

#
진실을 말하면서도
미움을 받지 않는 직언 방법은
애꾸눈 황제의 앞모습이 아니라
옆모습을 그리는 것처럼
말하는 것입니다.

#
아픔 없었던 순진함보다는
상처를 딛고 일어선 겸손함이
더 진한 감동을 줍니다.

··· 협상

#
최고의 협상 전략은
상대의 욕구를 만족시킬 수 있는 것을 발견하여
그가 먼저 갖게 한 후
자신이 원하는 것을 얻는 것입니다.

··· 공정성

\#
조직 내 업무협력이나 긴급업무 처리 항목을
평가요소에 포함하지 않게 되면
일 잘하는 사람에게만
업무가 쏠리는 불만을 해소하지 못합니다.
이는 리더의 잘못입니다.

··· 자기관리

\#
마라톤에서 좋은 성적으로 완주하려면
자신의 페이스를 지켜야 하듯
인생에서도 보람 있는 삶을 완주하려면
의미 있는 일을 찾아
자기 페이스를 유지해야 합니다.

\#
쉼 없는 전력 질주는
아무도 하지 못합니다.
인생은 100m 달리기가 아닙니다.
잠시 휴식 후 전력 질주했다가
다시 휴식 후 전력 질주를 반복하는
인터벌 훈련입니다.

\#
이따금 하던 일을 잠시 멈추고
주위를 돌아보는 여유의 시간을 갖는 건
낭비가 아니라 성찰의 시간입니다.

\#
해도 해도 안 될 때
하늘의 뜻이라고 합니다.
이럴 땐 최선을 다하되
결과를 겸허히 기다려야 합니다.
진인사대천명(盡人事待天命)

\#
웃음을 주고 싶을 땐
내가 먼저 웃어야 합니다.
감사나 기쁨을 주고 싶을 때도
내가 먼저 그래야 합니다.
역경 속에서
이런 것들은 찾기 힘들지만
머리카락이 약간만 보이게 숨겨져 있으니
조금만 더 노력하면 찾을 수 있습니다.

\#
과거 사람이 큰 잘못을 했다고 해서
지금 나의 작은 잘못이
용서되는 것은 아닙니다.

\#
성공의 성취감과
행복감 뒤에 찾아오는
허탈함과 나태함은
지극히 자연스러운 것입니다.
하지만 이것이
자만심으로 발전되어 지속하지 않도록
조심해야 합니다.

\#
해변에 공들여 쌓은 모래성이
한순간의 파도에 휩쓸려 가듯.

평생 쌓은 인품이
하루아침에 무너지기도 합니다.

#
타고난 좋은 인품이라 하더라도
노력하지 않으면 볼품없는 인품으로 바뀝니다.

#
못된 상사를 닮았다고 합니다.
누군가를 미워하면 미워하는 마음이
잠재의식에 각인되어
자기도 모르게 그런 사람이 됩니다.
용서가 필요한 이유입니다.

#
보여주는 것에 따라
평판이 좌우되지만
보여주지 말아야 할 것에 따라서도
평판이 좌우됩니다.
영향력은 후자가 훨씬 더 큽니다.

#
말처럼 하지 못하면 부끄럽습니다.
그럴 땐 혼잣말합니다.
"좀 더 노력해야 해! 자책은 하지 말고!"

··· 태도(Attitude)

#
급여만을 생각하고 일하면
급여만큼만 일하게 됩니다.
보람이나 의미를 발견하려고 일하면

행복을 덤으로 얻습니다.
당신이 사장이라면
어떤 사람과 일하겠습니까?

#
성공한 사람은
보잘것없는 일도
아주 **훌륭**하게 해냅니다!
실패한 사람은
이런 기회를 놓친 사람입니다.

#
Attitude is everything!
"태도가 모든 것이다!"라는 말이 있습니다.

#
우울한 사람은 옆에 있는 것만으로도
다른 사람을 우울하게 만듭니다.
행복한 사람이 옆에 있는 것만으로도
행복을 느낍니다.

#
"기업가 마인드로 일할 것인지!"
"노예 마인드로 일할 것인지!"는
선택사항입니다.
때문에, 반드시 결과도 수용하고
책임져야 합니다.
결코,
남을 비난하거나
자신을 비하할 일이 아닙니다.

\#
인도의 인사말 "나마스떼"는
지금 여기에 있는 당신을
사랑하고 존중한다는 말입니다.
만나는 사람에게
"안녕하세요!"라고 말하면서
마음으로는 "나마스떼!"라고 외쳐야겠습니다.

\#
아무리 어렵더라도
가진 것에 감사하고
가진 것에서 방법을 찾아보세요.
해결방법이 보입니다.
그런데 사실, 이 방법 외에는
해 볼 방법이 없습니다.
'걱정'하는 것 빼고는 말이죠!

\#
칼 구스타프 융이 말한
개개인이 가지고 있는 천 개의 페르소나 중
오늘은 어떤 페르소나를
의식적, 또는 무의식적으로 사용하시겠습니까?
어떤 것이 바람직하겠습니까?

\#
등산로에 떨어진 비닐봉지를 보고 그냥 지나가다가
하나를 배낭에 담았습니다.
"이깟 비닐봉지 하나 치운다고 크게 달라지는 건 없잖아!"라고
생각하다가 마음을 바꾼 겁니다.
"그래도 비닐봉지 하나만큼 깨끗해졌잖아!"

#
미움을 미움으로 대하면
소멸하지 않고 오히려 커집니다.
미움은 사랑과 용서로만 사라집니다.
이는 무엇보다 자신의 건강을 위해서도 꼭 필요합니다.

#
칭찬으로 춤추게 한 고래는
주위 사람도 즐겁게 해줍니다.
그 사람이 리더라면
더욱더 영향이 큽니다.

#
자책감으로 행동하면
부정적 에너지를 발산하지만,
자신감으로 행동하면
긍정적 에너지를 발산합니다.
이런 에너지는 누구나 다 느낍니다.

#
겸손은 꼭 필요하지만
지나치면 무능하거나
비굴한 사람처럼 보입니다.
자신감도 지나치면
자만심이 되거나 건방져 보입니다.
때와 장소와 분위기를
잘 가려야 하겠습니다.

#
할 수 있다는 믿음이 필요할 때는
자신감으로,
변화하기 위해 배움이 필요할 때는
겸손하게 행동하는 것이
리더의 바람직한 역할입니다.

\#
자신감과 오만은 다릅니다.
자신감은
용기와 희망의 표시이지만
오만은
절망과 불안감의 표시입니다.

\#
거울을 바라보며
오늘 분위기에 맞는 옷을 준비할 때,
마음의 준비도 함께하면
더욱 좋습니다.

\#
결점이나 약점을 보이지 않으려는 사람을
존경하면서도
가까이하려면 서먹서먹합니다.
그런 일은 신이나 가능하다고 생각되거든요.

\#
사람들은
자신의 좋은 점만 보여주려고 합니다.
저도 그렇습니다.

\#
가정생활 같은 사생활에서는
본 모습이 있는 그대로 나타납니다.
통제가 사라진 곳에서 굳이
자신을 숨길 필요가 없기 때문입니다.

\#
사기꾼들은 거짓말이 들통나면
더욱더 격정적이고 확신에 찬 모습을 보여줘
상대를 더욱더 속입니다.

사기꾼의 이런 행동은
사기당한 사람이 '나는 속지 않았다.'라고
믿고 싶은 기대 심리를 이용하는 겁니다.

#
노는 듯 일하는 사람이 있고
일하듯 노는 사람이 있습니다.
노는 듯 일해야 오래 일할 수 있습니다.

#
'감사'하다고 말하는 것은
부족함을 받아들이는 것이며
이를 수용한 후 더욱 발전하겠다는
의지의 표현입니다.

#
변해야 할 때 변하지 않으면
변화 당합니다.

#
실패한 사람이 또 실패합니다.
성공한 사람이 또 성공합니다.
생각과 태도의 차이 때문입니다.

#
빈정대는 말 뒤에 있는
숨은 의도를 발견했을 때는
웃음이 나오기도 합니다.

#
아무것도 하지 않는 것이
굉장한 것을 하는 것일 때도 있습니다.

··· 자기애

\#
자녀에게
산소마스크를
먼저 씌워주려고 하지 마시고
본인부터 먼저 착용하세요!
비행기 탈 때 나오는 설명입니다.
다른 사람을
사랑하려고 하기 전에 먼저
있는 그대로의 자신을 먼저
사랑하십시오.
리더십도 그렇습니다!

\#
죽을 것처럼 힘들고,
가슴이 짓눌리는 아픔이 있다면,
부모님께 편지를 쓰면서
목청껏 소리내어,밤새 우셔도 좋습니다.
부모님은
어디에 계시든 위로해주실 거니까요.

\#
마음의 암인 우울증은
햇빛을 아주 싫어합니다.
마음이 우울할 것 같을 땐
햇빛 속을 걸어보세요.

\#
잠자리에 드는 자녀에게
사랑한다고 이마에 입맞춤해주는 것.
아침에 일어나기 전
건강한 하루를 기원하는 것만큼

좋은 선물도 없습니다.
이 선물은 누구나 할 수 있지만
아무나 하지 못하는 귀한 선물입니다.

\#
우울함이 보내는
정신적 휴식 신호를 받아들여
아무것도 안 하고 잠시 쉬는 것이 필요하다고 해서,
너무 오래 움직이지 않는 것보다는
명상이나 가벼운 운동을 곁들여 움직이는 것이 더 좋습니다.

\#
거울에 비친 나에게
겉모습뿐만 아니라
내 속도 함께 보여달라고 요청하면
거울은
내가 성찰할 수 있도록
나의 외면뿐만 아니라
내면도 솔직하게 이야기해줍니다.

··· 카르페 디엠carpe diem(지금을 즐겨라)

\#
만약 우리가
죽음이 없는
영원한 삶을 살게 된다면
그래도 오늘을
최고로 살아야 할 의미를
발견할 수 있을까요?
아마 어려울 것입니다.
죽음은 우리에게

많은 생각과 정리를 하게 합니다.

\#
지금 여기 이 순간!
즐거우십니까?
의미가 있으십니까?
만약 괴로운 시간이라면
영적 성숙 과제를 부여받은
소중한 시간으로 생각하십시오.
이를 극복하면 성공한 사람이 됩니다.
하지만 굴복하면
인생 패배자가 됩니다.

\#
나이는 숫자에 불과하다는 말이
맞는 말이라고 믿다가도 솔직히
의심하기도 합니다.

··· 기도

\#
"어떤 결과에도 감사하는 마음을 갖게 해주세요."라는
기도는
신은 항상 들어주십니다.

\#
신이여 제가 승리할 수 있도록 도와주소서!
설령 상대가 자신의 승리를 위해 기도할지라도
이번에는 제 기도를 들어주소서!

··· 충고와 지적질 사이

\#
상대의 감정을 무시한 지적은
욕처럼 상처를 줍니다.
소크라테스의 말을 인용해도 마찬가지입니다.
상처를 입은 것은
논리가 아니라
감정이기 때문입니다.

\#
모욕은
평생을 잊지 못할 뿐 아니라
용서가 안 됩니다.
심지어는 영화 기생충처럼
극단적인 보복도 합니다.
보잘것없는 사람의 요구라도
거절 사유를 덧붙여 정중히 거절하는 것이
필요한 이유입니다.

\#
다른 사람을 일으켜 세우면
자신도 일어서게 됩니다.
다른 사람을 꿇어 앉히면
자신도 앉게 됩니다.

\#
안 변하면 죽는다고 겁주는 것보다
관심에 기대 섞인 말을 더하는 것이
훨씬 더 효과적입니다.

... 의사결정

#
피곤하거나 슬프거나 우울할 때는
평온할 때보다 30% 비싸게 사거나
33% 싸게 판다는 연구 결과가 있습니다.
이럴 때는 공손하게 의견을 덧붙인 후
의사결정을 잠시 뒤로 미루는 게 좋습니다.

#
생각에만 머물러 있지 않다면
준비해 놓고 시작하는 것도 좋고,
시작하면서 준비하는 것도 좋습니다.

#
배울지! 말지! 마음 상태에 따라,
어떨 땐 앞자리에 앉지만
어떨 땐 뒷자리에 앉습니다.

#
다른 사람의 의견이 아무리 좋더라도
마음에 의심이 생길 경우,
내 생각대로 하는 것이
성공 가능성도 높고
후회하지도 않습니다.
의심하면서 추진하는 일은
공들이지 않기 때문입니다.

#
생고기보다 숙성시킨 고기가 맛있습니다.
하루쯤 숙성시킨 글이 훨씬 더 좋습니다.
생각도 그렇긴 합니다만
행동하지 않고 너무 오래 생각만 하면
어느 순간 사라지거나 좌절하게 됩니다.

생각엔 행동이 뒤따라야 합니다.

\#
일을 무작정 시작하는 사람은
추진력이 좋다는 말을 듣긴 하지만
'무대뽀'란 말도 듣습니다.
일하다가 중간중간 잠시 멈춰서서
더 좋은 해결 방법은 없는지,
제대로 하고 있는지
의견을 나누면서 일하는 것이 훨씬 좋습니다.

\#
독주(獨走)를 오래 계속하면
독주(毒酒)를 마시게 됩니다.

··· 선택과 집중, 몰입

\#
늦게 시작했을 때는,
집중·몰입해서 차이를 줄이면 됩니다.
집중·몰입한 한 시간은
두 시간 이상의 효과를 낸 경험을
활용하는 거죠.

\#
잊어야 할 것은 기억하면
괴로움이 떠나지 않습니다.

\#
노트북 살 때는
신제품 중 가장 좋은 것을 삽니다.
골프나 사이클처럼 장비 탓하면서

여러 번 사지 않겠다는 핑계입니다.

⋯ 도전

#
사람들이
과거로 우리를 평가하더라도
우리는
밝은 미래를 향해 나아갑니다.
물론 이따금 게으르긴 하지만
그래도
조금씩 앞으로 나아가니
괜찮습니다.

#
한 가지 일에
집중해서 몰입했는데도
성공하지 못했다.
그러면 그런 파란만장한 스토리로
책을 쓰거나
강의하면 성공할 수 있습니다.

#
걸어서 앞으로 나아간다는 것은
균형을 깼다가 다시 유지한 후
또다시 깨기를 반복하는 것입니다.
매일 성장하는 삶도 이와 같습니다.

#
함께 자전거 탈 때
맨 앞에 선 사람은 1미터 뒤에 따라오는 사람보다

두 배 이상 힘이 듭니다.
앞서는 것은 이처럼 힘이 듭니다.

\#
약점에서 강점을 발견하는 것
강점에서 약점을 발견하는 것
그리고 이들 모두를 잘 활용하는 것
성장을 위해 이보다 더 큰 깨달음은 없습니다.

\#
적이 없을 땐 느슨했던 사람도
적이 나타나면 긴장합니다.
연구하고 준비합니다.
때로는 적도 필요합니다.

\#
한 번도 성공해보지 못한 사람은 없습니다.
단지 한 번의 성공에 만족하고 머무는 사람과
한 번의 성공을
디딤돌로 도약하는 사람이 있을 뿐입니다.

\#
일한다는 것은
양파껍질 벗기기입니다.
끝이 보이지 않을 때도 있고
눈물이 나올 때도 있습니다.

\#
일이란 게 다 그렇죠.
난관에 굴복한 사람들은 기억하지 못하지만
난관을 극복한 사람은 감동을 줍니다.

··· 봉사

\#
'봉사란
대가를 바라지 않는 것'이라고 해도
대가를 받지 않긴 어렵습니다.
봉사 과정에서 돈으로 살 수 없는
상대의 웃음과
자신의 존재감을 이미
선물로 받았기 때문입니다.

··· 존중

\#
일방적으로 지시받은 일은
실패를 증명하고 싶지만
내 의견을 존중한 결정이나.
내가 결정한 일은
성공을 증명하고 싶습니다.
내 마음입니다.

\#
바닷물처럼 다 받아들이거나
공기처럼 다 내려놓아야 할 텐데….

\#
처음 리더의 위치에 올랐을 때
가장 힘든 일 중의 하나는
기다려 주는 것입니다.
자기보다 일 처리를 잘하는 사람이 드물거든요.
그렇더라도 기다려 줘야 구성원들이 성장합니다.

··· 친화력

\#
친구를 적으로 만드는 건
아무나 할 수 있지만
적을 친구로 만드는 건
아무나 하지 못합니다.
역사적으로도 아주 드뭅니다.
그래서인지 사람들은 적을 친구로 만든 사람을
신처럼 존경하고 따릅니다.

··· 신용

\#
약속 잘 지키는 사람은
다른 사람도 그렇게 하길 기대합니다.
겸손한 사람은
다른 사람의 겸손도 기대합니다.
이런 기대를 저버리면 화가 납니다.

\#
아무리 훌륭한 뉴스를 취재했더라도
마감 시간을 넘기면 게재할 수 없습니다.
어떤 경우는 뉴스로서 가치를 상실합니다.
처리 기한을 지키지 못한 업무 또한
마찬가지입니다.

천년 기업 리더십,
어떻게 습관화할 것인가?

천년 기업이 가능할까요?

상당히 어려울 겁니다. 현재 여건이 살아남기 힘든 상황이라면, 더욱 어려울 겁니다. 현실의 벽을 우선 넘어야 하기 때문입니다.

그렇다면 천년 기업이란 비전이 무의미할까요?

그렇진 않습니다. 꿈은 클수록 좋기도 하지만 천년 기업의 리더십은 인간의 근본을 생각한 자발적 동기부여 리더십이기 때문입니다. 현재라는 발판에 서서 미래도 바라보며 당면 과제를 해결하는 리더십이기 때문입니다. 끝을 바라보며 현재의 행동을 결정하는 리더십입니다.

큰 바퀴는 작은 돌부리나 웅덩이를 아무렇지 않게 넘어가지만, 작은 바퀴는 작은 돌부리에 걸리기도 하고, 작은 웅덩이에 빠지기도 합니다. 그래서 꿈은 클수록 좋습니다.

10킬로 마라톤 완주 목표보다는 100킬로 마라톤 완주 목표가 훨씬 가슴 설렙니다. 100킬로 완주의 성취감은 10킬로의 10배가 아니라 1,000배 이상 크기도 합니다. 100킬로 완주 마라톤 목표인 사람에게 10킬로 완주는 누워서 떡 먹기입니다. 그러니 꿈은 큰 것이 좋지 않겠습니까? 몽당연필처럼 쓰면 쓸수록 작아지는 꿈보다는 나팔꽃처럼 매일매일 조금씩 자랄 수 있는 큰 꿈이 더 좋습니다.

'천년 기업 리더십'은 매일매일 실천할 과제 속에서 천년을 가는 기업이 되려면 습관처럼 무엇을 어떻게 하면 좋을지 실천하는 과정입니다. 그 과정을 즐기지 못하면 천년 기업이 되지 못합니다. 천년 기업은 당대에 이뤄지는 것이 아니라 몇백 세대 동안 지속하는 기업입니다.

천년 기업이란 꿈은 123층의 롯데타워와 같은 고층빌딩입니다. 멀리서 바라보면 아름답고 오래 볼 수 있지만 가까이 서서 키 높이에서 바라보면 유리 벽만 보입니다. 고개를 들어 옥상을 바라보면 까마득합니다. 조금만 바라봐도 목이 아픕니다. 더구나 옥상까지 걸어서 올라가라고 하면 엄두가 나지 않습니다. 누가 시키면 더더욱 하기 싫습니다.

하지만 등산을 좋아하는 사람이라면 천천히 옥상까지 올라갈 것입니다. 올라가면서 쉬기도 하겠지만, 올라가면 올라갈수록 좋은 전망도 보게 될 것이고 성취감도 맛볼 것입니다.

천년 기업 리더십도 마찬가지입니다. 어떤 일을 하든 오늘 일을 즐겁게 처리하면 됩니다. 난관을 만나면 그 과정에서 자신의 리더십이 좀 더 성장한다고 생각하면서 가는 데까지 가 보겠다는 자세로 오늘 하루를 즐기는 겁니다. 그러다 보면 어느새 정상에 도달할 수 있다는 믿음을 실천하는 리더십입니다.

행여 정상에 도달하는 것이 더딜 수도 있고 앞으로 나갈 수 없는 난관도 만나겠지만, 그런 때에는 잠시 한숨 고르며, 나아가지 못하는 이유를 생각하는 과정에서 해결책을 찾고, 자신도 성장하는 리더십입니다.

『지속가능형 인간』의 저자 야마모토 신지는 "성공에 집착하면 성공 강박증에 걸리기 때문에 성공에 집착하는 것보다는 성장에 목적을 두는 것이 좋다."고 했습니다. 마찬가지로 천년 기업 리더도 자신의 성장에 목적을 두는 것이 좋습니다. 오늘 하루 어떻게 성장할지에 집중하는 것이 좋습니다.

누워만 있으면 균형을 유지할 수는 있지만, 근육이 빠져나가 일어나지 못하게 됩니다. 누웠다 일어난다는 것은 균형을 깨뜨리는 것입니다. 걷는다는 것은 매 발자국 균형을 깨뜨리고 다시 유지하고 또다시 깨뜨리기를 반복하는 과정입니다. 천년 기업가도 마찬가지입니다. 어제의 성공 경험을 깨뜨리고 오늘의 요구에 귀 기울이면서 새로운 시도를 해 보는 것입니다. 이것을 습관화하는 것입니다.

변화를 처음 시도하면 많은 에너지가 소비됩니다. 『지속하는 힘』의 저자 고바야시 다다야키는 "습관적인 일을 할 때는 뇌가 에너지를 많이 쓰지 않지만, 새로운 일을 할 때는 뇌가 많이 움직이기 때문에 에너지를 많이 소비한다."라고 했습니다. 그렇다면 변화를 습관화하면 어떨까요? 매일 일을 시작할 때 '새로운 방법은 무엇일까?'하고 질문하는 습관으로 새로운 방법을 찾아보면 어떨까요?

말은 그렇지만 모든 일을 새롭게 시작하는 마음을 갖기는 쉽지 않습니다. 게다가 변화를 습관화하기는 어렵습니다. 이런 경우 선택과 집중이 필요합니다. 예를 들면, 천년 기업 리더가 늘 관심을 기울여야 할 분야인 PTRG[사람(People), 기술(Technology), 자원(Resource), 관리(Governance)]에 관한 일이라면 새로운 방법 찾기를 습관화해야 합니다. 루틴을 만드는 것입니다. 상황에 따라 루틴화 할 항목은 자기에게 맞게 선택하면 됩니다.

'천년 기업 리더십'을 발휘하고 싶은 리더라면 '어디에서 일할까?'가 아니라 '어떻게 일할까?'를 생각해야 합니다. 천년 기업 리더십은 자기가 맡은 분야에서 천년 기업가처럼 사고하고 행동하는 것이기 때문입니다. 물질적 만족보다는 자존감을 느끼는 것을 보람으로 생각하는 사람이 되어보라는 것입니다. 그 과정에서 물질적인 축복을 덤으로 얻을 수 있다는 것입니다.

4차 산업혁명 시대에서는 다른 사람이나 기업보다 조금 나은 기술로는 생존하기 어렵습니다. 초격차를 창출하는 창의력이 필요합니다. "내가 꾸준히 노력할 수 있는 삶의 목적과 목표는 무엇인가?"라는 질문으로 삶의 목적을 발견한 후, 목적 달성을 위한 새로운 방법을 찾는 것입니다. 이를 위해 좋은 글을 읽어도 좋고, 아이디어를 빌려도 좋습니다. 그러다 보면 자신만의 독특한 방법을 발견하게 될 것입니다.

의욕은 시간의 흐름에 따라 감소하거나 쇠퇴합니다. 이를 방지하기 위해 높은 목적 달성을 위한 자신만의 습관을 만들어야 합니다. 낮은 산에 올라가면 밑에서는 안 보이던 높은 산이 보입니다. 그 산을 도전해 성공할 수도 있지만 실패할 수도 있습니다. 이럴 때 결과를 겸허하게 받아들이고 다른 길을 찾으면 됩니다. 이 과정에서 누군가 당신을 공격하거나 비난하더라도 이를 수용하되 초월해야 합니다. 이것이 천년 기업 리더가 가져야 할 습관입니다.

습관을 바꾸면 미래가 변한다

새해엔 어떤 다짐을 했습니까?

해마다 경영환경이 작년보다 올해가 더 좋지 않을 것이라는 예상이 우세한 가운데, 대부분 회사는 신년사에서 그해 중점으로 추진해야 할 경영방침을 발표합니다. 이런 발표가 조직에 잘 스며들어 실행되면 좋겠지만, 그렇지 않은 경우가 더 많습니다. 내용이 추상적이라 그럴 확률이 높다고 할 수도 있지만, 이것 또한 기업문화입니다.

CEO가 발표한 신년사는 임원이나 팀장이 자기 조직에 맞도록 구체화한 단어나 문장을 만들어 전파함은 물론, 조직이 실행하도록 해야 합니다. 이 과정에서 CEO의 솔선수범은 필수입니다. CEO의 솔선수범 없이 조직 실행을 이끌어낸다는 것은 죽은 나무에서 꽃 피기를 기다리는 것만큼 어리석은 일입니다.

그런데도 거의 모든 기업은 신년사를 발표합니다. 연합뉴스는 2020년 국내 10대 그룹 신년사의 핵심 키워드로 '고객', '성장', '미래'를 꼽았고 '글로벌', '시장', '경쟁', '새로움'은 뒤로 물러났다고 발표했습니다. 이 신문은 10대 그룹의 신년사 분석 결과를 기업평가 사이트인 'CEO 스코어'를 인용하여 발표하면서 빈도수 순위를 발표했는데 고객이 56회로 ①위, ②위는 성장으로 42회, ③위는 미래로 28회, ④위는 혁신(23회) ⑤위 역량(21회), ⑥위 가치(21회), ⑦위 지속(21회), ⑧위 변화(20회), ⑨위 글로벌(20회), ⑩위 새로움(20회)이라고 발표했습니다.

기업의 이런 소망과는 달리 우리나라 기업환경은 당분간 점점 더 어려워질 것으로 예상합니다. 국내 인구감소로 인한 내수 소비의 둔화와 코로나바이러스로 인한 교역 및 왕래의 축소도 원인일 수 있습니다.

기업이 생존하기 위해 가장 필요한 두 가지는 마케팅과 이노베이션입니다. 이 둘은 절대 소홀히 할 수 없는 것입니다. 늘 습관처럼 새롭고 효과적인 방법을 찾아서 실행해야만 살아남을 수 있습니다. 그렇게 하려면 생각하는 시간을 가져야 합니다. 자신만의 루틴을 만들어 매일매일 변화에 대응 방법을 생각하는 시간을 가져야 합니다.

예를 들면, 양치질하면서 "어떻게 세분된 니즈를 반영하여 마케팅할 것인가?"라든가, "요즘 젊은이들은 좋아하는 것은 무엇이고, 어떻게 이 니즈를 맞출 수 있을까?"와 같은 질문을 하면서 오늘 새롭게 할 일을 찾는 것을 습관화해야 합니다. "나는 차별화된 마케팅으로 반드시 성공하는 사람이다."라는 말을 주문처럼 외우는 의식을 통해 생각의 시간을 가져도 좋고 "한 사람이 천 개의 페르소나를 가지고 있다는 구스타프 융의 말을 활용하여 아마존에서는 0.1명의 규모로 세그먼트 한다고 하는데, 이를 어떻게 우리 기업에 적용할 수 있을까?"라는 질문을 해 보는 것도 좋습니다. 어떤 것이든 자기에게 맞는 것을 매일매일 의식(Ritual)처럼 행하는 습관을 만들어 변화에 대응방법을 찾아야 합니다.

습관처럼 변화의 대응 방법을 생각해 보거나, 날마다 새롭게 사는 것만큼 좋은 것은 없을 것입니다. 도스토옙스키는 "습관은 인간이 그 어떤 일도 할 수 있게 만들어 준다."라고 했고, 공자는 "인간의 타고난 본성은 모두 비슷하지만, 습관에 의해 달라진다."라고 했습니다. 프랜시스 베이컨은 "습관은 인간의 삶에서 가장 높은 판사와도 같다. 그러니 반드시 좋은 습관을 기르도록 노력하라."라고 했고, 생텍쥐페리는 "하나의 새로운 습관이 우리가 전혀 알지 못하는 우리 내부의 낯

선 것을 일깨울 수 있다."라고 했습니다.

　매일 자신에게 질문하는 습관을 통하여 위대한 업적을 만든 사람들도 있습니다. 다윈은 "인간은 정말 신이 창조했을까?"라는 질문을 통하여 '진화론'을 만들어냈고, 뉴턴은 "왜 사과는 항상 땅으로만 떨어지는 걸까?"라는 질문을 통하여 '만유인력의 법칙'을 만들어냈습니다. 마키아벨리는 "군주는 항상 선하고 도덕적이어야 하는가?"라는 질문을 통해 '군주론'이란 책을 썼고, 아이언맨의 본보기인 일론 머스크는 "인간이 화성에 살 수는 없을까?"라는 질문을 통해 우주로 인간을 보내기 위한 연구를 지금도 계속하고 있습니다.

　새로운 습관을 만들려고 할 때는 마음가짐이 중요합니다. 예를 들면, 다음과 같은 것들입니다.

① 나는 재주가 없는 사람이라는 겸손한 생각을 한다.
② 변화를 위한 질문을 매일 잠자리 들기 전과 세수할 때 한다.
③ 명언을 듣는다.
④ 해야 할 구체적인 일을 종이에 적어서 매일 읽는다.
⑤ 서로 도움받을 수 있는 사람들을 만난다.
⑥ 그만둘 때의 경험이 반복되지 않도록 미리 대비한다.
⑦ 위기의 순간에는 원점이나 기본으로 돌아간다.
⑧ 성공했을 때 기뻐할 사람이나 도움받을 사람을 생각한다.
⑨ 매일 하는 일도 다르게 생각한다.
⑩ 기분 나쁜 날도 습관화하고 싶은 행동을 의식처럼 진행한다.

이들 방법을 참고하여 자신만이 방법을 만들거나 응용해도 좋습니다.

성공하는 사람과 실패하는 사람의 차이는 결국 실행력이고 습관의 차이입니다. 높은 목표 달성을 위해 매일 습관처럼 무엇을 할 것인지 의식처럼 실행해 보십시오. 이런 의식을 하게 되면 바람직한 행동을 잠재의식에 내재화하게 됩니다. 잠재의식에 내재화되면 그런 상황이 발생했을 때 자동으로 실행되게 됩니다. 그러므로 설령 중간에 의식을 빼먹더라도 자신을 자책하지 말고 수용하십시오. 그런 후 다음 기회에 다시 시도하면 됩니다. 다음 기회에 다시 시도해도 안 될 때는 그다음 기회에 실행하면 된다는 마음으로 강박관념을 버리고 편안하게 실행해 보겠다는 자세가 중요합니다. 연구에 의하면 이런 자세가 오히려 더 실행력이 높다고 합니다.

새로운 습관을 만들면 미래가 달라집니다. 변화에 대한 바람직한 습관을 만들어 매일매일 성장의 기쁨도 느끼고, 성공을 덤으로 얻는 삶이 될 수 있도록 오늘 하루를 멋지게 살아보십시오. 특히 천년 기업 리더라면 더욱 그렇습니다.

어떻게 구성원의
마음을 움직일 것인가?

리더십은 '영향력'이라고 하는데, 이심전심(以心傳心)으로 영향력을 미칠 수 있을까요? 불가능합니다. 결국, 소통으로 영향력을 행사할 수밖에 없습니다. 여기서 말하는 소통에는 태도나 행동, 제스처 및 그것이 표출된 내면의 세계까지 포함됩니다.

훌륭한 리더는 말을 조리 있게 하거나 자기 생각을 간단하게 글로 표현합니다. 드물지만 둘 다 잘하는 사람도 있습니다. 말은 잘하지 못하지만, 글로는 잘 표현하는 사람도 있습니다. 대표적인 예가 한비자입니다. 한비자는 말을 더듬어서 당시에 크게 쓰이지는 못했습니다. 하지만 그의 글은 지금도 많은 사람에게 영향을 주고 있습니다.

『하버드의 100년 전통 말하기 수업』의 저자 류리나는 말 잘하는 방법으로 AREA(Assertion, Reason, Evidence or Example, Assertion)을 제시했습니다. 그러면서 그는 말 잘하는 법에 대해 다음과 같이 정리했습니다.

① Assertion(주장): 20자 정도의 한 문장으로 명확하게 주장한다.
② Reason(이유): 상대의 의문점에 관해 설명한다.
③ Evidence or Example(증거, 예시): 실제적이고 구체적인 예시를 들어 보충 설명한다.
④ Assertion(주장): 다시 처음의 주장으로 돌아와서 앞서 말한 내용을 정리하면서 자신의 말을 반복한다.

이를 바탕으로 천년 기업 리더가 말하는 방법인 AREDA를 제시

합니다.

첫째, Assertion(주장)입니다. 자신이 말하려는 것을 한 문장의 질문으로 시작하면 듣는 사람의 관심을 끌 수 있습니다. 질문은 상대에게 많은 생각을 하게 하며 질문에 답하면 스스로 동기부여가 되기 때문에 질문으로 시작하는 것이 좋습니다.

둘째, Reason(이유) 설명입니다. 주장을 뒷받침하는 목적이나 의미를 알게 하는 과정입니다. 사람들은 목적을 알게 되고 그것이 자신에게 도움이 된다고 생각할 때 비로소 움직이기 시작합니다.

셋째, Example or Evidence(예시, 증거)를 제시합니다. 이론적 근거나 성공 사례를 말하면 사람들은 수긍하게 됩니다. 이를 통해 주장을 더욱 뒷받침하게 됩니다. 특히 이론적 근거나 사례를 중시하는 사람에게는 매우 효과적입니다. 실패의 사례를 예로 들면서 왜 실패했는지를 말하는 것도 좋습니다.

넷째, Disadvantage(단점 또는 장애)를 이야기하는 단계입니다. 세상의 어떤 것이든 좋은 것만 있는 것은 없습니다. 장점이 지나치면 단점이 된다는 과유불급(過猶不及)이라는 말을 되새겨 볼 필요가 있습니다. 단점을 말해 주면서, 동시에 자기주장의 장점을 강조하면 실행에 대한 저항을 줄이는 데 상당한 도움이 됩니다. 이렇게 하면 반대자의 의견에 공감하면서 그들의 저항을 축소하는 결과를 가져옵니다.

다섯째, Assertion(주장)은 다시 한번 자신의 주장을 반복해서 강조하는 것입니다. 간단명료하게 기억시키는 단계입니다. 이를 통해 이야기의 명료함을 더 할 수 있습니다. 이상이 말하기나 글쓰기의 다섯 단계인 AREDA입니다.

말이나 글로 자신의 의사를 표현할 때 무엇보다도 중요한 것은 사전에 충분한 준비를 하는 것입니다. 준비하지 않은 것과 준비하지 않는 것의 차이는 생각보다 훨씬 큽니다. 준비하지 않으면 상대가 즉시 알아차립니다. 자기 자신을 속일 수 없으므로 어딘가 겉으로 드러나게 되어 있습니다. 즉, 충분한 준비 없이 소통하게 되면 말하는 사람이 자신감이 떨어질 뿐만 아니라, 말도 길어지고 중언부언 말하기도 합니다.

리더가 부하를 늘 평가하듯이 부하도 리더를 만날 때마다 평가합니다. 자기 자신을 뒤돌아보십시오. 상사든 부하는 동료든 만나는 모든 사람을 순간순간 평가하고 있지 않습니까?

리더 자신이 항상 평가받는다고 생각하면 말과 행동을 조심하게 됩니다. 특히 천년 기업 리더라면 첫 만남에서 상대의 마음을 얻겠다는 자세로 사람들을 대해야 합니다. 인원이 많은 조직의 경우 5분 동안의 짧은 만남이 전체 만남이 될 수도 있다고 생각해 보십시오. 고(故) 이건희 회장의 얼굴을 5분 이상 보고 퇴사한 삼성그룹의 직원도 그리 많지 않을 것입니다.

따라서 사람을 만나기 전에는 짧은 시간을 통해 마음을 얻을 수 있도록 사전에 아낌없는 노력으로 준비해야 합니다. 필자가 모시던 회장님도 사람을 만날 때는 준비합니다. 보통의 준비가 아니라 철저한 준비를 합니다. 사회적으로 성공한 사람들은 말 한마디를 하기 위해 엄청난 준비와 연습을 합니다. 한 번의 만남으로 사람을 감동하게 해야 하기 때문입니다. 감동을 한 사람은 감동을 준 사람을 평생 스승으로 모시고 추종하기도 합니다. 당신도 준비하면 이런 사람이 될 수 있습니다. 인간은 누구나 무한한 가능성이 있기 때문입니다. 어떻습니까? 당신도 한 번의 만남으로 상대의 마음을 움직이게 하고 싶지 않으십니까? 그렇다면 사전에 많은 준비와 노력을 해야 합니다.

생각을 생각하라!

당신은 어떤 생각을 하고 있습니까? 지금 이 어려운 시국에 해결책이 있다고 생각하십니까? 없다고 생각합니까?

심리학에서는 현재는 과거의 발자취이며 미래에도 영향을 준다고 봅니다. 하지만 최근 들어 '미래 심리학(Prospective Psychology)'이라는 새로운 연구 분야에서는 미래에 대한 상상이 현재의 느낌을 결정한다고 봅니다. 이 분야의 주요 연구자는 '긍정심리학의 대부' 셀리그먼과 '의지력의 권위자'인 괴팅겐입니다. 이들 주장은 상상이 현재의 마음가짐을 결정한다는 것입니다.

사람들은 마음으로 세상을 봅니다. 같은 풍경 사진을 보고도, 어떤 사람은 '평화롭다'고 하지만, 어떤 사람은 "쓸쓸하다."고 합니다. 자기 마음이 그림에 투영됐기 때문입니다. 미술치료에서는 이처럼 그림에 투영된 마음을 분석해 인간의 상처를 어루만집니다. 마음가짐은 감각에 영향을 미치고 감각은 판단에 영향을 미칩니다. 판단은 행동에 영향을 미치고 또다시 결과에 영향을 미칩니다. 그리고 그 결과가 미래를 결정합니다.

약효가 없는 약품을 투여했는데도 증상이 호전되는 현상인 플라세보 효과(Placebo Effect)도 마찬가지입니다. 믿음이 최고의 약이라는 말입니다.

된다는 마음은 성과로 나타나지만, 안 된다는 생각은 실패로 나타납니다. 학습된 무기력(Learned Helplessness)이라는 것이 있습니다. 쇠사슬에 묶여 자란 어린 코끼리가 성체가 되어서도 쇠사슬만 걸쳐 있으면 도망가지 못하는 것, 전기충격을 줄 때마다 종소리를 들은 개는 나중에 종소리만 들어도 충격을 받는다는 실험 결과가 학습된 무기력의 예입니다.

이와는 반대로 학습된 낙관주의(Learned Optimism)도 있습니다. 좌절을 극복한 경험 즉 낙관주의 역시 학습된다는 이론입니다. 성공 경험이 있는 사람은 자신이 성공할 것이라는 믿음으로 일하기 때문에 성공한다는 것입니다. 가능성을 발견하려는 사람은 가능성을 볼 수 있지만, 불가능하다고 생각하는 사람에게는 불가능한 조건들이 더 많이 보이게 됩니다. 어차피 잃을 것도 없다면, 되도록 가능성을 긍정적으로 생각하는 태도가 게임에서 유리한 고지를 점하는 게 아닐까요? 지금처럼 어려운 기업환경 속에서도 가능성을 발견하려는 사람이 성공할 확률이 훨씬 높음은 당연한 결과입니다.

임종이 가까운 환자에게 어떤 것을 후회하느냐고 물어보면 대부분 해 보지 못한 일을 후회한다고 합니다. '용기를 내고 살 걸, 하고 싶은 말을 하고 살 걸, 친구와 좀 더 가까이 지낼 걸, 일에만 치중하지 말 걸, 가족에게 좀 더 배려할 걸…' 하면서 후회한다고 합니다. 이렇게 후회할 바에야 한번 시도해 보는 것이 좋지 않을까요.

『지금 나에게 필요한 긍정심리학』의 저자 류쉬안은 "많은 결정이 잠재의식 속에서 이뤄진다."라고 하면서 다음과 같이 주장합니다.

"사람들의 잠재의식 속에 민족에 대한 선입견을 품고 있지만 드러내 놓고 차별하지는 않는다. 그 원인은 이성적인 뇌가 이런 편견을 억누르고 있기 때문이다. 하지만 이성적으로 민족에 대한 편견이 없다고 굳게 믿었던 사람도 피로가 누적되면 잠재의식 속 편견을 그대로 드러낸다."

이는 곧 잠재의식의 중요성을 강조한 것입니다.

그는 또 마음가짐은 의지력에서 나타난다고 하면서 의지력을 높이는 방법으로 운동과 재미있게 노는 것, 그리고 먹는 것을 제안했습니다. 이를 좀 더 설명하면 다음과 같습니다.

첫째, 운동은 몸에 좋을 뿐만 아니라 뇌의 도파민을 분비시켜 기분을 좋게 하며, 정서적 안정을 도모하고 새로운 뉴런을 만들어서 기억력을 증진시킵니다. 논리적인 사고 영역도 확장하게 시킬 수 있지만, 일주일만 운동을 안 하면 운동으로 인한 장점이 사라진다는 것도 염두에 두어야 한다고 강조했습니다.

둘째, 잘 노는 것입니다. 잘 놀게 되면 뇌가 활성화되어서 창의력과 적응력이 올라감은 물론 스트레스도 해결된다는 점입니다. 그런 만큼 잘 노는 시간을 일부러 할애할 필요가 있습니다.

셋째, 잘 먹는 것입니다. 뇌의 비중은 몸무게의 2%이지만 20%의 열량을 사용한다고 합니다. 책만 보면 잠이 오는 것은 뇌가 많은 에너지를 소비했기 때문에 나타난 결과라고 볼 수 있습니다. 배가 고프면 정상적인 생각을 하지 못합니다. 그래서 배가 고픈 상태에서는 절대 협상하지 말라는 격언도 있습니다. 운동하는 사람에게도 먹는 것은 중요합니다.

이처럼 의지력은 중요합니다. 의지력은 마음가짐에서 나오고 마음가짐은 생각에서 비롯됩니다. 천년 기업가라면 자신의 현재 사업에서, 천년 기업 리더라면 자신의 현재 업무로 천년 가는 기업을 만든다고 생각하고 어떻게 하면 좋을지 '생각을 생각하라(Thinking About Thinking)'는 말을 늘 되새겨야 할 것입니다.

자기에게 주어진 일에서 좋은 점을 찾아보라!

직장에 다니면서 자기가 좋아하는 일을 하면 얼마나 좋을까요?

물론 요즈음 인사부서에서는 가능하면 자신이 하고 싶은 일을 하도록 해서 많은 배려를 합니다. 하지만 이런 혜택을 받지 못하는 경우가 더 많습니다. 좋아하는 일에 관계된 직무에 배치되어 직장에 다니는 사람은 천 명에 한 명 정도 될까 말까 할 정도일 것입니다. 이에 대해 일본에서 '경영의 신'으로 통하는 이나모리 가즈오 회장은 "직장에서 자기가 좋아하는 일을 할 기회는 많지 않다. 오히려 주어진 일에서 좋은 점을 찾는 편이 훨씬 쉽다."라고 했습니다.

한 우물을 파게 되면 좋은 점도 많이 있습니다. 하지만 직장생활을 하다 보면 자신의 전공과는 전혀 관계없는 업무를 해야 할 때도 있습니다. 이럴 때, 자신이 할 수 없다고 회피하는 사람도 있지만, 한번 해보겠다고 도전하는 사람도 있습니다. 딱히, 어떤 것이 좋다고는 말할 수 없지만, 이런 계기가 행운의 기회가 되기도 합니다.

사업을 하는 사람도 마찬가지입니다. 부모에게 물려받은 사업을 하는 경우나, 본의 아니게 채권 문제로 회사를 인수하여 회사를 운영하는 사장도 있습니다. 이들은 자기가 좋아서 사업을 하는 것이 아니라 등 떠밀려 사업을 하는 경우입니다. 이런 분 중에는 일을 열심히 하지 않는 것은 아니지만, 자기 일에서 재미를 못 느끼는 분도 있습니다. 심지어 후회하는 분도 있습니다. 이런 분도 자기 사업에서 좋은 점을 찾으려고 노력하면 얼마든지 좋은 점을 발견할 수 있습니다. 조폭이나 사기꾼이 운영하는 회사가 아니라면 그 산출물이 인류사회에 도움을 주기 때문입니다.

사람들은 다른 사람이 도움을 받아 기뻐할 때 더 행복을 느낍니다. '좋아요'를 눌러주면 기뻐하는 유튜버도 이런 경우입니다. 이처럼 자신이 맡은 일에서 다른 사람이 기뻐할 점을 찾으려고 노력하면 얼마든지 발견할 수 있습니다. 이는 삶의 의미나 목적을 발견하는 것입니다. 좀 더 거창하게 말하면 삶의 철학을 발견하는 과정이기도 합니다.

회사에 근무하는 사람도 마찬가지입니다. 자기 일에서 다른 사람이 어떤 점을 좋아할지 찾아보면 얼마든지 좋은 점을 발견할 수 있습니다. 이공계 출신인 필자는 설계 부문이나 생산 부문에서 근무를 희망했지만, 과장 때 우연히 기획업무를 담당하게 되었습니다. 엔지니어가 기획업무를 한다는 것은 상상할 수 없었지만, 상사인 부장님과 이사님, 그리고 전무님께 나를 믿어주고 한번 해 보라는 권유가 힘이 되어 기획업무에 도전했습니다. 그러면서 그 당시에 임원급 승용차인 포니 두 대값의 PC를 사 주셨습니다. 필자는 이 PC를 이용해 6개월 만에 사업계획서 작성 프로그램을 완성했습니다. 목적이 있고 믿어주는 사람이 있었기에 거의 통금시간이 다 돼서야 집에 들어가도 회사를 퇴근하려고 나서면서 쾌감을 느꼈습니다. 그 뒤로 졸지에 저는 기획 전문가가 되어 기획과장의 직책으로 임원 회의에 빠지지 않고 참석했습니다.

이런 성공 경험을 발판으로 상품기획을 담당하게 되었을 때는 내부 수익률 법(IRR:Internal Rate of Return)인 투자분석 프로그램을 만들어 사업성 분석을 했습니다. 지금은 엑셀에 이런 프로그램이 있어 쉽게 할 수 있었지만, 당시만 해도 획기적이었습니다. 그 이후에 동국제강 그룹 경영관리, 공정거래법 관련 업무, 그룹 감사 업무, 인사관리, 비서실장, 관리본부장, 연수원장 업무 등을 거쳤습니다. 이 과정에서 이론적인 보강을 위해 경영대학원을 수료했습니다. 영업을 제외한 대부분의 관리 부분 업무를 경험한 필자는 회사 은퇴 후 헤드헌팅 업무를 하면서 밑바닥 영업을 경험했습니다. 비즈니스 코칭을 하게 되면서 이론적인 보완을 위해 상담학 공부를 시작했고, 심리치료 석사와 자아초월상담학 박사학위를 취득했습니다. 이런 업무 경험들이 강의와 비즈니스 코칭에 많은 도움이 되고 있음은 물론 천년 기업가를 양성하는 데도 많은 도움이 되고 있습니다. 천년 기업가 과정 1기생 졸업생들과 함께 저술한 『지속성장 가능한 천년 기업의 비밀』에 이런 경험이 녹아 있습니다.

세계적인 명성을 떨치고 있는 흑인 배우 덴젤 워싱턴은 그가 성공후 어느 대학교 졸업식에서 "크게 실수하라(Fail Big)! 그리고 실수에서 배우라."라고 했습니다. 큰 실수를 했다는 것은 바닥으로 내려가 봤다는 이야기입니다. 파도는 밑으로 내려가면 내려갈수록 더 높이 솟아오릅니다. 큰 실패를 했다는 것은 더 크게 성공할 수 있는 에너지를 포함하고 있다는 의미입니다. 단점도 마찬가지입니다. 그것을 인정하고 받아들이기만 하면 더 높이 솟구칠 수 있습니다. 동화작가 안데르

센은 "나는 못생긴 덕분에 『미운 오리 새끼』를 쓸 수 있었고, 가난했기 때문에 『성냥팔이 소녀』를 쓸 수 있었다."라고 했습니다. 마쓰시타 고노스케는 "가난했기 때문에 구두닦이와 신문팔이 등 세상 경험을 할 수 있었고, 몸이 허약했기 때문에 늘 건강에 신경 썼으며, 못 배웠기 때문에 겸손하게 누구에게도 배우려 했기 때문에 성공했습니다. 이것이 하늘의 은혜가 아니고 무엇이겠습니까?"라고 반문했습니다.

백세시대에 사는 우리는 은퇴 후에도 30~40년이란 기간 동안 자기 일을 해야 합니다. 자기 경험 중에 어떤 것이 은퇴 후에 도움을 줄지 아무도 모릅니다. 지금 내가 하는 일을 즐기려는 과정 속에 나의 인생 후반기 인생을 풍요롭게 할 어떤 씨앗이 숨어있을 수도 있습니다. 그래도 자기 일에서 보람을 찾지 못했다면 자기 삶의 목적 달성을 위해 먼저 경제적 여유를 얻겠다는 의미 발견도 좋습니다.

자신이 하는 일을 사랑하십시오. 그렇게 되면 당신이 만든 산출물에 영혼이 담기게 됩니다. 그런 행동이 사람들을 감동하게 합니다. 천년 기업 리더라면 더욱 그렇습니다.

의욕이나 욕망은 오래가지 못한다
루틴(routine)을 만들어라

'성공하는 사람과 실패하는 사람의 차이는 무엇일까요?'

'실행력'입니다.

올 연초에 세운 계획을 지금까지 실행하고 있다면 당신은 성공의 길을 걷고 있는 것입니다. 연초 세운 계획을 연말까지 실천하는 사람은 드뭅니다. 1985년 펜실베이니아 대학교 연구팀이 213명을 조사한 결과 연초 계획을 일주일 안에 1/4이 포기했고, 1개월 이내에 포기한 사람이 절반이며, 6개월 이내에 포기한 사람이 60%였다고 합니다. 영국의 하트퍼트셔대의 리처드 와이즈먼 교수가 3,000명을 대상을 조사한 결과도 새해 결심을 지킨 사람이 12%였다고 한 것을 보면 자기와의 약속을 지키기가 얼마나 힘든지 보여줍니다.

그렇더라도 계획을 세우는 것이 좋습니다. 스크랜턴대의 조사에 의하면 4~50%가 새해에 새로운 결심을 하는데, 이런 결심을 한 사람이 그렇지 않은 사람보다 10배 정도 더 원하는 결과를 얻었다고 했습니다. 이 연구진은 행동 변화 약속을 공개 선언한 사람 159명과 행동 공개 선언을 하지 않은 123명을 6개월 후에 다시 조사해봤습니다. 그 결과 선언하지 않은 사람은 4%만 행동을 바꿨을 뿐이지만, 공개 선언한 사람은 거의 12배인 46%가 행동을 바꿨다고 했습니다.

아리스토텔레스는 "탁월한 사람이라서 올바르게 행동하는 것이 아니라 올바르게 꾸준하게 행동하기 때문에 탁월한 사람이 되는 것이다."라고 말했습니다. 이처럼 탁월한 사람이 되기 위해서는 올바른 행동을 습관화해야 합니다.

루틴으로 성공한 예로는 손정의가 있습니다. 그는 새로운 아이디어를 얻기 위해 매일 아침 낱말카드 3장을 뽑은 후, 그 단어에서 연상된 아이디어로 새로운 아이템을 만들었습니다. 그리고 이를 통해 1년 동안 무려 250가지의 발명품을 개발했다고 합니다.

미국 100달러 화폐의 주인공인 벤저민 프랭클린은 정규 교육을 2년밖에 받지 못했지만, 매일 1시간씩 반성하는 시간을 가졌습니다. 그는 정치인, 인쇄인, 작가, 과학자, 교육자, 계몽사상가로 '절제, 침묵, 규율, 절약, 근면, 성실, 정의, 중용, 청결, 평정, 순결, 겸손' 등 13개의 덕목을 평생 꾸준하게 실천함으로써 지금까지도 존경받는 인물이 됐습니다.

러시아의 대문호 톨스토이는 82세로 세상을 떠날 때까지 63년간 일기를 썼습니다. 그의 일기장에는 자신의 단점 아홉 가지를 고치려고 노력했던 흔적이 남아있습니다. 이런 노력이 그를 세계적인 대문호 만들었습니다.

췌장암으로 세상을 짧게 살다간 스티브 잡스는 "습관처럼 매진할 기회는 인생에서 기껏해야 두세 번밖에 없다."라고 하면서 "이것이 최선인가?"라는 질문을 입에 달고 살면서 역사에 길이 남을 아이팟과 아이폰을 만들어냈습니다.

이처럼 자신이 꼭 해야 할 일을 루틴으로 만들어 유지한 사람은 자신의 성공은 물론 다른 사람에게 깊은 감동을 줍니다.

그렇다면 어떻게 이런 꾸준함을 유지할 수 있을까요?

첫째, 절박한 계획을 세우는 것입니다. 절박하지 않은 계획은 실행력이 낮습니다. 60점 이하의 절박한 계획은 실행되지 않는다고 보는 게 좋습니다. 자신이 꼭 해야 하지만 절박함이 부족한 경우라면 절박한 이유를 찾아보십시오. 얼마든지 찾을 수 있습니다. 건강을 위해서건, 경제적 여유를 위해서건, 자신의 존재 목적 달성을 위해서건 이유를 찾을 수 있습니다.

둘째, 보상받을 수 있는 계획을 세우는 것입니다. 금전적 보상도 좋지만, 내면을 만족시키는 보상이 더 좋습니다. 성취감이나 존재감을 느낄 수 있는 만족이 금전적 보상보다 훨씬 더 동기부여를 촉발합니다. 당신에게 영향을 준 사람을 생각해 보십시오. 그 사람은 당신의 존재를 인정해 주고, 잠재력을 믿으며 기다려 준 사람일 것입니다.

셋째, 누군가 기뻐해 줄 수 있는 계획을 세우는 것입니다. 전쟁터에 나간 군인이 살아 돌아오겠다는 가족과의 약속을 지키기 위해 온갖 고난을 이겨내는 것, 직장이란 전쟁터에서 힘들 때 용기를 갖게 해주는 것도 기뻐해 줄 가족이 있기 때문입니다. 가족은 힘들 때도 용기를 주는 버팀목입니다.

넷째, 실패했을 때도 있는 그대로의 자신을 수용하는 것입니다. 자책하지 마십시오! 자책은 자신을 하찮은 사람으로 만들거나 비굴한 사람으로 만듭니다. 반면 수용은 자신을 다시 일어서게 만듭니다.

다섯째, 핑곗거리에 대한 대책을 미리 세우는 것입니다. 어떤 경우든 장애물은 나타납니다. 이에 대해 미리 대책을 세워야 합니다.

여섯째, 매일 아침 루틴하게 되뇔 수 있는 질문이나 문장을 만드는 것입니다. 양치질하면서 '천년 기업 리더를 만들기 위해 오늘 무엇을 할 것인가?'처럼 루틴(routine)하게 질문하는 것도 좋고, "나는 균형 잡힌 몸매를 유지하겠다."라는 글을 모니터에 붙여놓고 앵커링 하는 것도 좋습니다.

의욕은 시간의 흐름에 따라 감소하거나 축소됩니다. 의욕만으로 목

표에 도달하긴 어렵습니다. 매일 해야 할 것을 루틴으로 만들어 실행
하도록 하는 것이 좋습니다. 그러면 어느 순간 당신은 성공한 삶을
살게 될 것입니다.

코로나-19, 위기가
기회가 된다면?

위기가 곧 기회다!

이번 코로나바이러스 사태에서도 이 말을 적용할 수 있을까요? 그렇
습니다. 이번 사태를 마무리하면서 어떤 기업은 한 단계 도약하는 회사
가 있을 것입니다. 물론 이 국면을 극복하지 못하고 문 닫는 회사도 있
을 것이고 허약하게 살아남아 목숨만 부지하는 회사도 있을 것입니다.

이런 상황에서 "가짜 뉴스다. 과도한 보도다."라는 같은 논쟁은 기
업 처지에서는 전혀 도움이 안 됩니다. 현실을 직시하는 것이 중요합
니다. 지금과 같은 어려운 현실을 사람이 어떻게 인식하고 있으며, 어
떻게 대처하면 좋을지 방법을 찾는 것이 기업가가 할 일입니다. 기업
가는 어떤 상황에서도 정확한 진단과 예측을 바탕으로 한 대책을 세
워 대응해야 합니다. 그렇다면 어떻게 대책을 세우면 좋을까요?

첫째, 자금흐름(cash flow)이 원활하게 해야 합니다.

자금흐름은 무엇보다 중요합니다. 지금 상황이 1~2개월 갈 수도 있
겠지만 더 오래 갈 수도 있습니다. 각각의 경우마다 현금흐름 대책을

마련해야 합니다. 현금흐름이 막힌다는 것은 피가 멈추는 것과 같습니다. 기업 처지에선 정부의 대책만 기다릴 수 없는 게 현실입니다. 현금흐름 때문에 부득이하게 인원 감축이 필요한 때도 있을 것입니다. 하지만 이 방법은 최후에 사용해야 하며, 부득이하게 해야 할 경우는 상황을 충분히 설명해야 합니다. 약속할 수만 있다면 사업이 좋아질 때 다시 함께 일하겠다는 것도 포함하면 좋습니다. 사업을 접거나 축소해야 할 경우도 있을 것입니다. 이런 경우는 다음 질문을 해 봐야 합니다. "정말 더 이상의 방법은 없는가? 방법이 없다는 것은 무엇으로 증명할 수 있는가?"라는 질문을 하면서 가능한 방법이 있는지 찾아봐야 합니다.

둘째, 위기 상황을 극복할 수 있는 경영철학과 기업문화를 만들어야 합니다.

이것이 없다면 지금이라도 함께 만들어야 합니다. 사실은 이것을 만드는 과정이 더 중요합니다. 이 과정에서 사람들의 마음을 모을 수 있기 때문입니다. 기업의 경영 외적인 위기 상황은 언제든 다시 발생할 수 있습니다. 이번 기회를 활용하여 위기관리 기업문화를 만드는 것도 좋습니다.

셋째, 보유 자원 중 활용 가능한 자원을 찾는 것입니다.

기업이 가진 자산 중 검토해 볼 항목은 PTRG(People, Technology, Resource, Governance)입니다. 즉 사람, 기술, 자원, 관리의 보유 자원 중 강점을 활용할 방법을 찾아보는 것입니다. 이들 자원의 재정의를 통해서 방법을 찾을 수도 있고, 다양한 경영전략 도구에서 적당한 방법을 찾을 수도 있습니다. 참고가 될 만한 방법으로는 3C/4C, 5Force, 4P, SWAT, 7S, 히에라르키(Hierarchie) 분석, 시스템 분석 등의 방법 중에서 자신에게 맞는 방법으로 연구하는 것입니다.

존 코터가 체계화한 아래의 '변화관리 8단계'를 활용하여 기업문화를 유지를 위해 필요한 부분에 활용하는 것도 좋습니다.

① 위기의식 고조
② 변화 선도팀 구성
③ 올바른 비전 정립
④ 소통과 비전 전달
⑤ 권한 부여
⑥ 단기성과 확보
⑦ 변화속도 유지
⑧ 변화관리

넷째. 방법이 마련되었다면 체계화해서 시스템으로 만드는 것입니다.

위기는 언제든지 다시 올 수 있습니다. 향후 위기 도래 시 시스템적으로 어떻게 대응할지 매뉴얼화 해 놓으면 좋습니다.

방법이 없다고 생각하면 방법은 100% 보이지 않지만, 방법이 있다고 생각하면 방법이 보일 수도 있고, 안 보일 수도 있습니다. 이런 생각은 전혀 손해 보는 게임이 아닙니다. 내가 가만히 있겠다고 해서 다른 사람도 가만히 있는 것은 아닙니다. 누군가는 이 위기를 극복하고 새로운 강자로 태어날 것입니다. 기업이나 개인이나 마찬가지입니다.

예를 들면 다음과 같은 위기 극복 방법의 사례를 생각해 볼 수 있습니다.

① 재택근무의 현실화로
② 비전체계를 정립하거나 실현 방법을 찾는 기회로
③ 대면 영업에서 비대면 영업 확대로
④ 바이러스 연구를 통한 사업 기회 포착으로
⑤ 기존의 생산설비를 마스크 생산설비로
⑦ 획기적인 온라인 교육 방법 전환으로
⑧ 새로운 지식 충전이나 연구 기회로
⑨ 자기 계발과 발전의 기회로
⑩ 몸을 만들거나 건강회복 기회로
⑪ 에너지 충전의 기회로

많은 소상공인이 셔터를 내렸습니다. 하지만 이런 어려움 속에서도 언제든 "위기가 있다면 기회가 될 수 있다. 방법만 찾으면 된다."라는 생각으로 방법을 찾아봐야 합니다. 실제로 필자가 알고 있는 기업에서는 이번 기회를 도약의 계기로 삼아서 실행에 옮긴 경우도 있습니다. 당신이라고 위기를 극복하지 말란 법은 없습니다. 방법이 없다고 생각하시면 비즈니스 코칭을 받아보는 것도 좋습니다.

명분과 실리,
두 마리 토끼를 잡아라

　'명분'과 '실리'가 충돌할 때, 리더는 명분을 택해야 할까요, 아니면 실리를 택해야 할까요? 어려운 질문입니다. '명분(名分)'이란 일을 꾀할 때 내세우는 구실이나 이유 따위를 말하며 '실리(實利)'란 실제로 얻는 이익을 말합니다. 회사에서 명분이란 미션이나 핵심 가치에 해당하며, 실리란 손익이라고 볼 수 있습니다.

　리더라면 평소에 명분과 실리가 충돌할 경우, 어떻게 행동할 것인지 미리 생각하고 마음의 준비를 해둬야 합니다. 그렇지 않으면 실리만 취하게 됩니다. 그렇다고 실리가 중요하지 않다는 말은 아닙니다.

　'송양지인(宋襄之仁)'이란 말이 있습니다. 춘추시대에 송(宋)나라는 상당히 강력한 제후국이었습니다. 그런 그가 패자(覇者)의 자리에 오르기 위해 초나라와 홍수라는 강을 사이에 두고 전쟁할 때였습니다. 송나라가 먼저 진을 치고 기다릴 무렵 초나라 군사가 강을 건너기 시작하자 공자 목이가 즉시 공격할 것을 주장했습니다. 그러자 양공은 "상대가 준비하기 전에 기습하는 것은 인(仁)의 군대가 할 일이 아니다."라고 말하면서 공격하지 않았습니다. 초나라 군대가 강을 건너 진을 치기 시작하자 다시 공자 목이가 공격을 주장했지만, 양공은 같은 이유로 공격 명령을 내리지 않았습니다. 드디어 초나라 군대가 전열을 갖추자 그때야 공격 명령을 했지만, 병력이 약한 송나라는 대패하고 말았습니다. 양공 또한 상처를 입은 후 병세가 악화하여 목숨을 잃었습니다. 이를 두고 사람들은 '송양지인' 즉 '송나라 양공의 어짊'이라고 비아냥합니다. 하지만 이에 대해 맹자는 그를 어진 사람의 표본으로 칭송했습니다.

우리나라에도 명분과 실리가 다툰 사례들이 많이 있습니다. 병자호란 때 실리를 주장한 주화파인 최명길은 청나라와 화친을, 명분을 주장한 척화파인 김상헌은 청나라와 전쟁을 주장하였습니다. 결국, 싸움에 패한 조선은 청나라에 항복했습니다. 이와 같은 사례는 고려말. 조선 건국 초기에도 찾아볼 수 있습니다. 정도전은 '새로운 국가 건설'이라는 실리를 취했지만, 정몽주는 '고려의 충신'이란 명분을 선택했습니다.

이렇듯 기업도 명분과 실리 사이에서 갈등하는 경우가 생깁니다. 아무리 명분을 중요하게 생각하는 기업가라고 하더라도 현금흐름이 좋지 않은 상황에서 명분만을 고집하기는 어렵습니다. 또한, 명분을 팽개친 채 실리만 쫓다가 망한 기업들도 많이 있습니다. 세계 최고를 자랑하던 혁신의 아이콘이었던 소니는 노트북 브랜드 'VAIO'가 성공하자 혁신이라는 핵심 가치를 버리고 이익이라는 실리를 쫓다가 결국 삼성에게 1위 자리를 내주고 말았습니다.

우리나라에서 기업을 크게 일으킨 정주영 회장이나 이병철 회장도 한때 어려움을 겪었지만, 중요하게 생각한 '신용'이란 명분을 실천해 크게 재기할 수 있었습니다. 사람을 잃는다는 것은 신뢰를 잃는 것이고, 결국은 모든 것을 잃게 됩니다. 신뢰를 잃으면서 기업을 망가뜨린 경우는 거의 재기하지 못하지만, 신용을 잃지 않은 경우는 재기한 경우가 많습니다. 항우와의 수많은 전투에서 연전연패하던 유방은 신뢰라는 명분을 얻었기에 전투에 지더라도 재기할 수 있었지만, 실리만 추구하던 항우는 한 번의 패배가 영원한 패배가 되어 버린 것도 명분의 중요성을 입증한 예입니다.

예수가 만약 실리를 추구해 십자가에 매달리는 형벌을 피하는 실리를 추구했다면, 석가가 왕자라는 실리를 포기하지 않았다면, 그들은 편안한 삶을 살았을 것입니다. 하지만 이들은 자신이 추구하고자 하는 대의명분을 선택했기 때문에 지금도 많은 사람에게 감명을 주고 있으며, 그들을 따르고 있습니다.

어느 중소기업 CEO는 거래처에서 페이백을 요청하는 구매 담당자의 요구를 고민하다가 결국은 거래중단 결론을 내렸지만, 담당자가 바뀌자 다시 거래를 시작하기도 했습니다. 당장 현금 흐름이 좋지 않은 상태에서 이런 결정을 하기란 쉽지 않습니다. 하지만 이런 모습은 그를 더욱 당당하게 만들었고 거래처는 물론 구성원들에게도 "우리 사장님은 믿고 따라도 좋겠다."라는 방향으로 작용했습니다.

기업은 명분만 따를 수도 없고 실리만 따를 수도 없는 경우가 많을 것입니다. 하지만 명분을 따른다는 원칙으로 실리를 취하는 방법을 찾아봐야 합니다. 그러면 방법을 찾을 수 있습니다. 예를 들면 '송양지인'의 고사에서 상대에게 "전투를 바라지 않지만, 강을 건너면 공격하겠다."라는 선전포고를 한 후 공격하는 것도 방법이었을 것입니다. 〈기생충〉으로 4개 부문 오스카상을 수상한 CJ그룹은 영화제작으로 25년 적자를 기록했었습니다. 하지만 "문화 없이 나라 없다."라는 가치를 명분으로 꾸준히 영화제작을 실천해 결국 오스카상 수상이라는 쾌거를 이뤘다.

명분과 실리의 싸움은 지금 우리가 처한 정치 현실에도 마찬가지입니다. 어느 조직에서든 명분도 살리고 실리를 찾는 방법을 찾거나 장기적인 관점에서 순간의 이익은 포기하는 결단이 필요합니다. 특히 천년 기업 리더라면 명분도 살리고 실리도 살릴 방법을 찾아야 합니다.

이를 위해 사전에 예측되는 상황이 발생하면 어떻게 행동할 것인지 미리 준비해야 합니다. 이런 준비를 하지 않는다면 그것은 곧 실패를 자초하는 일이 됩니다.

난세의 영웅

"난세에 영웅이 나온다."

전 세계적으로 코로나바이러스 때문에 비상이 걸린 지금 국내외 할 것 없이 난리입니다. 이런 와중에 TV조선에서 방영된 〈미스터 트롯〉은 최고 시청률 35.7%를 기록하며 많은 사람에게 위안을 안겨주었습니다. 그중에서 미스터 트롯 '진'을 차지한 우승자 이름이 공교롭게도 임영웅입니다. 그래서 "영웅이 영웅했다."라는 신조어를 만들어내기도 했습니다.

코로나 사태는 '만나지 말 것'을 요구하고 있습니다. '재난안전대책본부'는 "가족과 동료를 지키는 2주간의 멈춤에 동참해 주세요! 한분 한분의 헌신에 감사드린다."라는 안전대책 문자를 보냈습니다. 인간은 만남과 소통을 통해 창의력도 발휘하고 비즈니스도 해야 하는 데, 참으로 난감합니다.

교통까지 마비시키는 코로나 사태는 경제마저 붕괴시키고 있습니다. 주가는 최저치를 경신했고, 문 닫는 중소상인들이 쇄도하고 있습니다. 홍남기 부총리는 우리나라 올해 1분기 경제 성장이 '마이너스 성장'도 배제할 수 없다고 밝히기도 했습니다.

이런 경제위기는 전 세계적으로 퍼지고 있습니다. 22일 영국 경제분석기관인 캐피털 이코노믹스에 따르면, 올해 경제 성장에 대해 유로존은 −8.5%, 중국은 −3.0%, 일본은 −4.0%, 독일은 −8.5%, 프랑스는 −8.5% 등 많은 나라가 마이너스 성장으로 예측되고 있습니다.

이런 난세 속에서도 부지런한 움직이는 기업들이 있습니다. 청소기로 이름난 '다이슨'과 명품 차를 공급하고 있는 '롤스로이스'는 인공호흡기를 생산하기로 했고, 향수를 생산하고 있는 '루이뷔통'은 보유한 기술을 활용하여 '손 세정제'를 생산하고 있습니다. 난세 극복을 위해서입니다.

이 외에도 언론에는 보도되지 않았지만, 분주히 움직이는 회사들이 있을 것입니다. 해외에도 있겠지만 국내에도 있을 것입니다. 며칠 전 통화 속에서 한 중소기업 사장은 이런 기회를 대비해 미리 준비한 것들이 빛을 보게 될 것 같다며, 오히려 이번 기회가 도약의 계기가 될 수 있겠다고 하면서 분주히 움직이고 있습니다.

코로나 사태로 인한 위기는 개인은 물론 국가도 해당합니다. 이 위기를 슬기롭게 극복한 국가의 위상은 한 단계 올라갈 것입니다. 다행히 우리나라는 이 사태를 잘 극복해 나가고 있는 사례를 다른 나라에서도 도입하려고 한다니 참으로 다행스러운 일입니다. 이 사태가 수습된 후에는 새로운 강자가 태어날 것입니다. 그것은 국가일 수도 있고 기업일 수도 있고 개인일 수도 있습니다. 우리나라를 포함하여 많은 기업이나 개인이 지금 위기를 극복하길 바랍니다.

코로나바이러스 사태는 인간의 나약함을 느끼게도 하지만 바이러스의 진화에 대해서도 생각하게 합니다. 한갓 미물이라고 생각하는 바이러스는 자신의 생존을 위해서 끊임없이 진화하고 있습니다. 바이러스는 인간뿐만 아니라 식물이나 동물도 공격해서 어떤 경우는 전멸시키기도 합니다. 예를 들면 1845년과 1846년 아일랜드에서 발생한 '감자 역병'은 100만 명을 굶어 죽게 했고, 150만 명 이상이 아메리카 대륙으로 이주하게 했습니다. 페스트, 에볼라, 사스, 메르스도 마찬가지로 진화한 바이러스가 인간을 공격하여 사망에 이르게 한 경우입니다.

통신과 이동 수단의 발달은 순식간에 전 세계를 위험에 빠뜨릴 수 있다는 사실을 다시 한번 이번 사태가 증명하고 있습니다. 지금의 상황이 오래간다면 많은 기업이 사라질 것입니다. 이 때문에 정부는 막대한 자금을 지원하여 기업을 살리려 합니다. 그럼에도 불구하고 많은 기업이 어려움을 겪고 있습니다. 하지만 이런 난세 속에서도 있는 자원을 잘 활용하여 슬기롭게 극복하는 기업도 있습니다. 기업은 자신이 보유한 모든 자산, 즉, '사람, 기술, 시스템, 기업문화'를 최대한 활용하여 이 난관을 극복해야 합니다.

모든 방법을 동원해도 방법이 없다고 생각하지 마십시오. 그런 생각은 성공확률은 제로로 만듭니다. 반면에 된다는 생각으로 움직이면 성공확률은 최소 50%입니다. 이런 생각으로 분주히 움직이는 사람 중에 영웅이 나타날 것이고, 이들이 새로운 세상을 만들어 갈 것입니다.

인간이 미물이라고 여기는 바이러스도 끊임없이 진화합니다. 하물며 만물의 영장이라는 인간과 그 인간이 모여 시너지를 창출할 수 있는 기업이 진화하지 못할 이유가 없습니다. 그 변화의 주인공은 당신이 될 수도 있고, 기업이 될 수도 있으며, 나라가 될 수도 있습니다. 된다는 생각으로 부지런히 움직이는 사람 중에 난국을 극복하는 영웅이 탄생할 것입니다. 그 영웅이 당신이었으면 더욱 좋겠습니다.

제5장

패널(panel) 인터뷰
소통 리더로써
나의 다짐

1. 천년 기업 리더로서 나의 조직 운영 철학은?
나의 3대 철학

1) 인간관(Infinite Potential, 무한 잠재력): 나와 조직은 무한한 가능성을 가지고 있습니다

2) 세계관(Partnership, 공존/상호연결): 파트너와 '따로 또 같이' 존재 목적, 비전, 목표를 이룹니다.

3) 시대 의식(Global Mind, 글로벌): 영속성을 향해 시공간을 뛰어넘은 장을 펼칩니다.

2. 천년 기업 리더로서 나의 마음 자세는?

나는 나와 조직 그리고 인류의 무한 잠재력을 끌어내는 지혜로운 사랑의 존재입니다.

3. 천년 기업 리더로서 나의 소통 철학은?

1) 인간관: 각 구성원이 상호 가능성과 잠재력을 믿고, 존재 자체로, 그리고 전문가로 존중합니다.

2) 후원환경: 가장 안전하고 따뜻하여 각 구성원이 마음껏 자신을 표현하며, 자신과 조직을 위해 서로 집단지혜를 발현하여 최고의 잠재력을 펼치는 소통의 장을 구축합니다.

4. 구성원에게 천년 기업 리더로서 나는?

1) 탁월/의미/재미를 솔선수범하며, 구성원들이 탁월/의미/재미를 일터에서 안전하게 지속적으로 경험할 수 있도록 장을 제공합니다.

2) 조직문화 만들기: 나와 조직 그리고 인류공영을 위해 조직의 무한 잠재력 발현합니다. 이를 위해 조직 내 코칭 문화를 정착합니다. 'Leaders coaching leaders(리더들이 차세대 리더들을 코칭하고 양성합니다.)'를 위한 HW +SW 구축하고 지속적으로 혁신합니다.

5. 동료에게 천년 기업 리더로서 나는?

존재와 일에 대한 진정성을 가지고, 끊임없이 학습하고 도전하며, '따로 또 같이' 기존의 제약신념과 기존의 틀을 깨며, 자신과 조직을 혁신하여 '더 큰 나, 더 큰 우리'는 발현하는 동료/친구입니다.

6. 상사나 고객에게 천년 기업 리더로서 나는?

진정성과 독보적인 전문성으로 깊은 상호신뢰와 탁월한 성과를 내는 지혜/사랑의 존재입니다.

7. 천년 기업 리더로서 사회 공헌은?

True Self School: 차세대 리더 양성(특히 여성들을 조직 내 탁월한 코치형 리더들을 양성합니다.)

8. 가족에게 천년 기업 리더로서 나는?

따뜻하고 든든하며 사랑 많은 사람으로 기억되고 싶습니다.

9. 천년 기업 리더로서 내가 매일 할 행동은?

꾸준한 자기계발(7~11 루틴): 매일 아침 7시~11시에 명상/영어/코칭 진행, 배우고 나누며 나를 개발합니다. 충만한 삶과 성공적인 일, 그리고 탁월한 조직과 사회공동체를 위해 기여합니다.

▶ 이재건
㈜코리아툴링 대표이사

1. 천년 기업 리더로서 나의 조직 운영 철학은?

'자리이타(自利利他: 자신을 위할 뿐 아니라 남을 위하는 일)'의 실천을 통한 '홍익인간(弘益人間: 널리 인간을 이롭게 함)'의 세상을 건설하는 데 있다.

2. 천년 기업 리더로서 나의 마음 자세는?

기업의 리더는 항상 정직한 마음으로 고객과 사회에 더 이롭게 할 수 있는 새로운 방식을 찾기 위해 도전하는 열정이 있어야 합니다.

3. 천년 기업 리더로서 나의 직원들과 소통 철학은?

'지시한다'보다는 '알려 준다', '일을 한다'보다는 '배운다'라는 생각이 들도록 직원들과 소통하는 것.

4. 구성원에게 천년 기업 리더로서 나는?

매사에 정직한 사람으로, 남보다 조금 더 빠르게 신사업에 도전하는 열정적인 모습을 보여주어, 본받을 것이 있고 배울 점이 있는 동료이자

선배로서 남고 싶습니다.

5. 협력 업체에게 천년 기업 리더로서 나는?

거래 관계를 떠나 약속을 잘 지키는 '신용' 단계를 넘어, 나와 우리 회사가 하는 모든 업무를 믿을 수 있는 신뢰 관계를 만드는 사람.

6. 상사나 고객에게 천년 기업 리더로서 나는?

나와 우리 회사가 제공하는 제품이나 서비스에 신뢰가 간다는 이야기를 듣는 회사를 만드는 것.

7. 천년 기업 리더로서 사회 공헌은?

나와 우리 회사가 제공하는 제품이나 서비스가 거래처와 고객에게 매우 유익한 도움이 되었다는 것을 인정받는 것.

8. 가족에게 천년 기업 리더로서 나는?

"인생은 결국 자기 자신과 싸움에서 승리하는 것이다."라는 명언이 있듯이, 남을 이롭게 하면서 자기 자신도 이롭게 한다는 '자리이타' 정신을 실천한 사람으로 남고 싶습니다.

9. 천년 기업 리더로서 내가 매일 할 행동은?

1) "건강한 육체에 건전한 생각이 깃든다."라는 옛 성현의 말씀처럼 매일 30~60분 운동을 하겠다.

2) 자기 자신을 사랑하지 않는 사람이 남을 사랑할 수 없다는 이야기처럼, 나와 내 가족 직장 내 구성원의 행복을 위해 내가 할 수 있는 일이 무엇일지 생각하고 행동을 하겠다.

3) 천년 기업을 유지 하기 위해서는 시대 환경 변화에 맞는 제품과 서
   비스를 개발하기 위해 최선의 노력을 하겠다.

▶ **박기전**
㈜케이씨 인재문화팀장

1. 천년 기업 리더로서 나의 조직 운영 철학은?
- 조직의 지속 성장에 필요한 구성원의 행복
- 권한과 책임 아래의 자율 문화
- 정도경영에 기반한 성과 창출
- 시대의 변화를 선도
- 구성원 행복, 고객 만족, 지속 가능 성장, 신뢰, 자율, 존중, 정직

2. 천년 기업 리더로서 나의 마음 자세는
- 도덕적 탁월함, 측은지심
- 솔선수범, 정직, 존중과 배려, 자기 절제

3. 천년 기업 리더로서 나의 소통 철학은
- 네 덕, 내 탓
- 경청, 공감, 다양성 존중, 피드백

4. 구성원에게 천년 기업 리더로서 나는
- 도달하고 싶은 목표를 함께 꿈꾸고 함께 성장하는 사람

- 목표를 세우고, 방향을 제시하며, 올바른 의사결정을 신속히 하고, 과정에 책임을 다하며, 피드백을 주는 리더
- 지속적인 변화를 통해 구성원 성장시키며 지속적으로 가치를 창출해 주는 사람
- 자부심을 심어 주는 사람

5. 동료에게 천년 기업 리더로서 나는
- 함께 성장하고, 도전을 즐기는 사람
- 신뢰하고, 의지할 수 있는 사람
- 소통이 편하고, 즐거운 사람

6. 상사나 고객에게 천년 기업 리더로서의 나는
- 따뜻한 마음과 냉철한 정신을 가진 사람
- 올바른 정신에 기반한 악착같은 실행으로 성과를 창출하는 사람
- 조직의 3년 후를 준비하고, 선제적 대응을 하는 사람
- 디테일이 살아 있는 사람
- 끊임없는 변화와 혁신으로 고객 만족을 실현하는 사람

7. 천년 기업 리더로서 사회 공헌은
- 재능기부
- 시대에 맞는 사회 공헌 활동
- 환경 보호 활동
- 공생 활동

8. 가족에게 천년 기업 리더로서 나는?

- 소중한 추억을 많이 만드는 사람
- 서로 믿고 사랑하는 사람

9. 천년 기업 리더로서 내가 매일 할 행동은?

- 끊임없는 학습
- 운동
- 독서
- 명상
- 나를 위한 시간 갖기
- 가족과의 시간

▶ 서진숙
국토교통연구원인프라연구원 경영지원실장

1. 천년 기업 리더로서 나의 조직 운영 철학은?

- 정도를 기반으로 한 흔들리지 않는 원칙
- Think something different… (다른 생각을 자유롭게 펼칠 수 있는 자율성)
- Why not? Let's do it (실패를 두려워하지 않는 실행력)

2. 천년 기업 리더로서 나의 마음 자세는?

- 세상의 나쁜 구성원은 없고 무한 잠재력을 지닌 구성원들이라고 믿자!

‒ 생각하라! 그러면 찾을 것이다.

3. 천년 기업 리더로서 나의 소통 철학은?

‒ 스스로 발견할 수 있도록 돕자!

‒ 진정성 있는 마음으로 상대를 존중하고 이해하자!

4. 구성원에게 천년 기업 리더로서 나는?

‒ 의미와 가치 있는 일임을 일깨우도록 도와주고, 솔선수범하도록 노력하는 사람이 되자!

5. 동료에게 천년 기업 리더로서 나는?

‒ 함께 성장할 수 있도록 실행과 도전을 함께하는 사람이 되자!

6. 상사나 고객에게 천년 기업 리더로서 나는?

‒ 한 발 앞서가는 사람으로, 고객의 발전을 위해 끊임없이 도전하자!

7. 천년 기업 리더로서 사회 공헌은?

‒ 나눔의 선순환과 선한 영향력이 지속될 수 있도록 노력하자!

8. 가족에게 천년 기업 리더로서 나는?

‒ 재미있고 건강하게 살아가자!

9. 천년 기업 리더로서 내가 매일 할 행동은?

‒ 평정심 유지를 위한 명상

- 스트레스를 낮추기 위한 운동
- 서로를 알기 위한 잡담
- 실행력을 높이기 위한 마감 시간 설정

▶ 이선주
㈜트루에이치알 대표이사

1. 천년 기업 리더로서 나의 조직운영 철학은?

고객의 진정한 커리어 파트너가 되고자 꾸준히 노력하는 트루에이치알은 다음과 같은 철학을 지니고 있습니다.

첫째, 고객 입장에서 일하는 고객 중심의 회사가 되고자 합니다. 현재 저희 트루에이치알의 중심 사업은 서치펌(헤드헌팅) 사업입니다. 서치펌 사업에서 1차 고객은 채용 의뢰를 해주신 고객사이고, 2차 고객은 채용 포지션에 지원한 후보자입니다. 1·2차 고객의 입장에서 저희가 제공하는 서비스에 대해 어떻게 평가하는지 채용 프로젝트 과정에서의 모니터링과 종료 후 평가를 통해 계속 점검하여, 잘하고 있는 부분은 더욱 강화하고, 부족한 부분은 개선안을 마련하며, 즉시 시행하여 서비스 품질을 높이고자 합니다.

둘째, 고객과의 약속을 철저히 지키는 신뢰의 회사가 되고자 합니다. 이를 위해 저희 트루에이치알은 1차 고객인 고객사와의 채용 프로젝트 일정 엄수 및 우수 후보자 추천에 대한 약속을 철저히 지키고자 노력합니다. 2차 고객인 후보자와의 고객사 지원 이후 진행 과정에 대한 신속하고 정확한 피드백, 면접 진행 시 상세하고 친절한 가이드, 합격 후 입사에 대한 안내 및 입사 후 적응을 위한 고민 상담과 해결 등의 약속을 철저히 지키고자 합니다.

셋째, 고객의 비밀을 끝까지 지키는 안전한 회사가 되고자 합니다. 고객사에서 보안 유지를 희망하는 채용 프로젝트 및 관련 내용은 철저히 보안을 유지하며, 특히 후보자가 지원을 적극적으로 표현하지 않거나, 이력서를 제출하지 않는 경우에는 고객사를 밝히지 않습니다. 후보자의 경우는 특히 개인정보 보호에 대해 철저히 유지하여, 채용 포지션에 지원하지만 최종 직장과 성명을 익명으로 요구할 경우에는 그에 대해 보안을 유지합니다. 그리고 저희에게 전달한 이력서는 다른 곳으로 유출되지 않도록 철저히 관리하고 있습니다. 이를 위해 고객사와 후보자에게 각각 비밀유지 서약서를 작성하여 고지하고 있습니다.

2. 천년 기업 리더로서 나의 마음 자세는?

첫째, 솔선수범하는 자세를 가지려고 합니다. 회사의 구성원들이 서치펌 컨설턴트 전문가로 성장하기 위해서는 어떤 노력과 삶의 자세가 필요한지, 어떻게 일해야 하는지 보여주기 위해서 모범적으로 살아가려고 노력합니다.

둘째, 동반성장 하는 자세를 가지려고 합니다. 트루에이치알이 천년 기업이 되려면 한 개인의 회사가 아닌 회사 구성원 모두의 회사, 특히 우수 역량을 보유한 회사의 핵심 인재들이 회사를 주도할 수 있는 회사로 거듭나야 합니다. 이를 위해 회사의 핵심 인재들이 함께 성장할 수 있도록 충분한 기회를 주고, 책임과 권한을 나누며 그에 대한 성과와 수익도 함께 누리고자 합니다.

셋째, 신사업에 도전하려고 합니다. 서치펌 비즈니스를 중심 사업으로 하여 커리어 서비스의 사업 영역을 꾸준히 개척하고 도전하려고 합니다. 이에 일차적으로는 채용 대행, 커리어 코칭, 전문면접관 양성 등의 사업으로 확대·발전하려고 조금씩 영역을 확장하고 있습니다.

3. 천년 기업 리더로서 나의 소통 철학은?

첫째, 즉시 소통하려고 합니다. 서치펌 업무는 고객사와 회사의 담당 컨설턴트, 그리고 후보자와의 즉각적인 소통이 무엇보다 중요한 업무입니다. 고객사의 채용 포지션 요구사항에 대한 변경, 진행 상황에 대한 변경(추천 종료, 채용 종료, 보류 등)이 있을 경우, 즉각적 소통이 없으면 업무의 착오가 발생할 수 있습니다. 회사 담당 컨설턴트도 프로젝트 관리와 후보자 서치를 각각 분담할 경우, 즉각적 소통이 필수입니다. 프로젝트 관리자인 PM이 후보자 서치에 대한 방향성 변경이 있을 경우에도 그에 대한 소통이 즉시 이루어지지 않으면, 후보자 서치 담당자는 엉뚱한 방향으로 서치를 진행할 수도 있습니다.

둘째, 정직하게 소통하려고 합니다. 회사의 전반적 운영 상황에 대해서 회사 구성원들과 정직하게 소통하고, 고객과도 정직하게 소통하고자 합니다. 서치펌 업무는 상호 커뮤니케이션이 가장 중요하고, 그를 통해 신뢰를 구축함이 매우 중요합니다. 신뢰 구축의 가장 중요한 소통 방식은 정직입니다. 서치펌 업무 파트너인 고객사, 회사 동료, 후보자와의 커뮤니케이션에서는 가감 없는 정직한 소통이 신뢰 구축의 가장 핵심이 됩니다.

셋째, 수평 관계에서 소통하려고 합니다. 저희 트루에이치알은 서치펌 업무의 전문가, 더 나아가 커리어 전문가들이 모인 회사입니다. 전문가들끼리는 나이·성별·학력·경력에 상관없이 모두 동등한 수평 관계에서 소통해야 합니다. 수평 관계를 통해 상호 존중과 협력의 마음이 생길 수 있고, 수평 관계에서 소통해야 즉시적이고 정직한 소통도 가능할 수 있습니다.

4. 구성원에게 천년 기업 리더로서 나는?

첫째, 닮고 싶은 리더이길 희망합니다. 서치펌 컨설턴트로서, 더 나아가 커리어 전문가로서 회사 구성원들이 향후 발전하는 모델이 되고, 회사 구성원들이 모두 이러한 마음이 가지고 실천한다면 회사의 철학과 비전을 함께 공유할 수 있습니다. 회사의 구성원들이 모두 한 방향 정렬되어 회사의 철학과 비전을 함께 실천할 수 있습니다.

둘째, 오래 같이 일하고 싶은 리더이길 희망합니다. 함께 오래 일하고 싶을 정도로 신뢰할 수 있고, 배울 것이 많은 리더이길 희망합니다. 이러한 리더가 되려면 계속 발전하고 있고, 그것을 함께 나누는 리더이어야 합니다.

셋째, 대화를 많이 하고 싶은 리더이길 희망합니다. 대화를 하면 언제나 깨우침이 있고, 배울 점이 있고, 코칭을 해주는 리더이길 희망합니다.

5. 동료에게 천년 기업 리더로서 나는?

첫째, 추진력이 강한 리더이길 희망합니다. 어떤 업무라도 나와 함께하면 신속하고 정확하게 일이 추진될 수 있고, 추진하면 반드시 성과를 낼 수 있다는 신뢰를 받는 리더이길 희망합니다.

둘째, 새로움에 도전하여 성공하는 리더이길 희망합니다. 새로운 프로젝트, 새로운 사업에 도전하길 주저하지 않으며, 도전하는 것에는 반드시 성공하여 성과를 만드는 리더이길 희망합니다.

셋째, 열린 마음으로 소통하는 리더이길 희망합니다. 늘 열린 마음으로 소통하여 일하기 편하고, 즉각적인 소통, 정직한 소통이 가능한 리더이길 희망합니다.

6. 고객에게 천년 기업 리더로서 나는?

첫째, 어떤 임무라도 믿고 맡길 수 있는 리더이길 희망합니다. 강한 신뢰 관계를 기반으로 어떤 어려운 프로젝트, 어떤 특별한 프로젝트라도 믿고 맡길 수 있는 리더이길 희망합니다.

둘째, 반드시 성과를 내는 리더이길 희망합니다. 저에게 맡겨진 업무는 어떤 상황이어도 반드시 성과를 내서 고객을 만족시킬 수 있는 리더이길 희망합니다.

셋째, 고민이 있을 때는 언제든 의논할 수 있는 리더이길 희망합니다. 업무적인 측면이나 개인적인 측면에서도 고객의 어떤 고민도 함께 의논할 수 있는 신뢰할 수 있는 리더이길 희망합니다.

7. 천년 기업 리더로서 사회 공헌은?

첫째, 경험을 전수하여 사회에 공헌하고 싶습니다. 18년여 동안 서치펌 컨설턴트, 커리어 전문가로 경험한 바를 책으로 저술하거나, 동영상으로 기록하거나, 교육 프로그램 진행을 통해 후학들에게 전수하고 싶습니다. 특히 저희 트루에이치알의 구성원들이 먼저 경험을 전수받고 전문가로 성장하여 함께 사회에 공헌하고 싶습니다.

둘째, 봉사를 실천하여 사회에 공헌하고 싶습니다. 취업과 미래 경력 발전에 대해 고민하는 사람들을 위해 대학이나 사회단체 등에서 커리어 발전에 대한 지식·기술·태도에 대해 상담·코칭·컨설팅·교육을 통해 실천하고 싶습니다.

8. 천년 기업 리더로서 내가 매일 할 행동은?

- 하루 일과를 기준으로 아침에는 6시 이전에 기상하여 3분간 명상을 통해 나의 미션과 나와의 약속을 상기하고 하루를 시작한다.
- 출근하는 동안에는 매일 오디오북을 30분 이상 경청한다.
- 일과 중에는 모든 일과 대화에 긍정적인 생각을 하고, 소통하는 사람들에게 감사 표현을 3번 이상하며, 즉각적으로 소통하며, 3명

이상의 고객과 커뮤니케이션을 하며 오늘 일을 내일로 미루지 않고 그날 마무리한다.

- 퇴근 후에는 운동을 주 3회 이상, 1회 1시간 이상, 미팅과 저녁 약속을 주 2회 이상, 술은 즐기되 취하지 않는다.
- 자기 전: 12시 이전에 취침하며, 3분간 명상을 통해 나의 미션과 나와의 약속을 잘 지켰는지 점검한다.

▶ 하창우
K.S. COMPESSOR㈜ 경영 후계자

1. 천년 기업 리더로서 나의 조직 운영 철학은?

널리 인간을 돕는다는 의미에서 홍익인간의 정신에 바탕을 두며, 구성원과 기업의 공생을 통한 지속적인 발전하는 조직이 되는 것에 의의를 둔다.

2. 천년 기업 리더로서 나의 마음 자세는?

확고한 신념과 정의에 따라 행동하고, 오만 혹은 편견과 같은 것을 경계하며, 인류애에 입각하여 구성원과 나아가 사회 전체를 이롭게 하는 데 일조하겠다.

3. 천년 기업 리더로서 나의 직원들과의 소통 철학은?

"눈 내리는 소리까지 듣겠다."라는 '청설(聽雪)'의 마음가짐으로 구성원들의 소리에 귀 기울이며, 열린 대화의 자세로 소통에 임할 것이다.

4. 구성원에게 천년 기업 리더로서 나는?

민고 일을 같이할 수 있으며, 합리적이고 원활한 소통을 통해 조직을 이끌어 가는 것에 부족함이 적은 사람.

5. 협력 업체에게 천년 기업 리더로서 나는?

함께 오래 일을 진행할 만한 능력과 신뢰를 모두 갖춘 파트너

6. 상사나 고객에게 천년 기업 리더로서 나는?

조직의 바른 미래를 구성하고 꿈꾸며 함께 성장해가고 싶은 사람

7. 천년 기업 리더로서 사회 공헌은?

사회 구성원들의 건강과 안위를 위협하는 행동을 하지 않으며, 수익금 일부를 지속적으로 사회의 어려운 이웃들을 위해 사용하여 사회 전체를 이롭게 합니다.

8. 천년 기업 리더로서 내가 매일 할 행동은?

- 뉴스 읽기
- 꾸준한 학습 및 자기 계발
- 운동 및 자기관리
- 독서
- 명상
- 하루 복습

1. 천년 기업 리더로서 나의 조직 운영 철학은?

빠른 의사결정과 실행력, 작은 도전과 모험을 통한 실험정신, 민첩한 시장 대응을 통해 변화를 선도하는 조직을 만드는 것입니다.

2. 천년 기업 리더로서 나의 마음 자세는?

일에 대한 사명감과 책임감을 가지고 함께하는 동료들과 꾸준히 나아가는 것입니다.

3. 천년 기업 리더로서 나의 소통 철학은?

구성원들이 어떤 의견을 제시해도 비난을 받거나 불편해하지 않을 것이라 믿는 조직환경을 만드는 것입니다.

4. 구성원에게 천년 기업 리더로서 나는?

구성원들이 일에 대한 즐거움과 의미를 발견하고 성장할 수 있도록 돕는 리더가 되고 싶습니다.

5. 동료에게 천년 기업 리더로서 나는?

일에 대한 진정성을 가지고 끊임없이 학습하고 도전했던 동료로 기억되고 싶습니다.

6. 상사나 고객에게 천년 기업 리더로서 나는?

고객이 성장하고 목표를 달성하는 데 꼭 필요했던 사람으로 기억되고 싶습니다.

7. 천년 기업 리더로서 사회 공헌은?

자신만을 위한 삶이 아니라 함께 성장하고 함께 나누는 행복한 커뮤니티를 만들고 싶습니다.

8. 가족에게 천년 기업 리더로서 나는?

함께하여 위로가 되고, 힘이 되었던 사람으로 기억되고 싶습니다.

9. 천년 기업 리더로서 내가 매일 할 행동은?

매일 시간을 기록하고 성찰하는 활동을 하였습니다.

제6장

소통 리더의
통찰과 실행

천년 기업아카데미에서 얻은 통찰과 실행

1. 중지하거나 버리거나 줄인 것
- 작게 생각하기 ⋯▶ 멀리 보고 크게 생각하기
- 정시 출근 ⋯▶ 일찍 출근해서 생각하고 준비하기
- 혼자 일하기 ⋯▶ 함께 일하기
- 작은 일에 목숨 걸지 않는다. ⋯▶ 진정 목숨 걸고 해야 할 일을 가볍게 보지 않기

2. 유지하고 있는 것
- 아침 시간 소중히 활용(기상 5시 30분)
- 가족 소중히 생각, 부모님께 효도하는 것은 매일 전화하는 것도 중요하지만, 내가 행복해야 부모도 마음 놓으실 것
- 크게 생각하고, 몇 수 앞을 바라보며 생각함

3. 새롭게 시작한 것
- 감사하기
- 약속 지키기
- 긍정언어 사용 ⋯▶ 긍정 전염시키기
- 동료 존중하고 소중하게 생각
- 나를 위한 선물 주기(나를 위한 매달 돈 모음)

- 가족과 함께

- 변화 시도 ⋯ 과거와 동일한 것은 없음. 무조건 변화를 시도하고
  실행

- 결단과 신념 ⋯ 의사결정을 했으면, 비난 두려워하지 않고 실행한다.

- 방향 제시 ⋯ 공동의 목표를 향해 일하도록 지속 동기 부여함

얻은 통찰과 실행

- 운이 좋아 류호택 박사님 코칭 과정을 듣게 되었고, 인연이 되어
  천년 기업 아카데미 2기에 참여할 수 있었습니다.

- NYME가 되고 많은 것을 배우고 변화가 일어나기 시작했습니다.
  평사원이던 제가 팀장이 되었습니다.

- 리더 역할은 처음이라 어떻게 해야 할지 막연하였는데, 천년 기업
  아카데미에서 배운 사항들을 실행하기로 하였습니다.

- 결과는 참으로 좋았습니다. 가장 큰 변화는 저 자신이었습니다. 그
  중 사고의 변화가 가장 컸습니다.

- 단순히 업무를 수행하는 차원이 아닌 '내 사업을 한다.'하고 생각하
  며 업무에 임하였습니다.

- 기존 작게 생각하던 사고의 틀이 커졌습니다. 생각의 크기가 달라
  지고, 자부심이 생겼습니다.

- 내가 좋아하는 일이 아닌, 우리가 좋아할 수 있는 일을 하기로 했
  고, 실행해 왔습니다.

- 그동안은 근시안적이고 단기적인 과제 해결 중심으로 일해왔다면,
  이제는 천년 기업 과정에서 배운 것을 토대로 현재와 미래를 같이
  고민하면서 중장기적인 면도 함께 고려하게 되었습니다.

- 이러한 과정이 쉽지만은 않았습니다. 관행, 타성, 내 몸의 습관 등해 보지 않았던 방식이었기 때문입니다. 하지만, 반대로 얼마나 다행인지를 깨닫게 되었습니다. 실제로 내가 한 회사의 사장이었다고 가정해 보면 수없이 많은 회사를 망하게 했을 것이기 때문입니다.
- 지금은 회사의 팀장으로서 실패해도, 힘들어도 즐겁게 이겨낼 수 있게 되었습니다.
- 잊어야 할 실패도 있지만, 돌아봐야 할 실패도 있습니다. 실패하면서 교훈이 쌓이고 경험이 쌓이면서 작은 성공이 일어나고 조금씩 변화가 일어나기 시작했습니다.
- 고작 1년의 시간이었지만 시작의 의미와 변화를 목도하게 되어 자신감이 생겼습니다.
- 본 과정이 종료된 지금 천년 기업의 리더가 되기 위한 생각을 지속적으로 하고 멋진 리더가 되길 다짐을 해 봅니다.

▶ 서진숙
국토교통연구원인프라연구원 경영지원실장

천년 기업 리더십 과정에서 실행한 것

1. 버리거나 중지한 것
- 가능성이 없을 거라고 단정 짓지 않기

2. 유지한 것
- 시장 동향, 트렌드에 대한 연구보고서 및 이슈페이퍼 분석 및 공유

3. 새롭게 시작한 것

- 무한한 가능성을 지닌 구성원들의 잠재력이 발현될 수 있도록 살
  펴보기 (업무적으로 어려워하고 있는 부분은 없는지, 일 외 다른 관심사는 무
  엇인지 관심 갖기)
- 업무 방향성에 대한 공감대 형성 (잘못된 방향으로 가지 않도록 업무 시
  작 전 충분한 사전 의견교환)
- 팀원들과 부정적 피드백을 성장의 밑거름이라는 환경 만들기

은퇴 시 듣고 싶은 이야기는 무엇인가?

- 부하에게: 선배님 같은 상사 그리고 삶을 살아가고 싶습니다.
- 상사에게: 함께 조직을 이끌게 되어 든든했습니다.
- 동료에게: 성장의 마중물 같은 친구야! 넌 멋진 동료였다. 다음 생
  에는 상사로 잘 모실 게~ㅎㅎ
- 사회에서: 선한 영향력으로 또 다른 빛이 되었네요.
- 가족에게: 어서 와~ 이런 설렘은 처음이지! 새로운 시작을 축하해!

위의 내용 달성 방법을 문장으로 정리하면?

- 상대를 배려하고 존중하는 마음가짐과 언행
- 다양한 많은 분야의 사람들 이야기를 경청하고 질문해보기
- DeadLine까지 '이게 최선인가?' 치열하게 생각하기
- 지금 실행하는 방법이 최선임을 믿고 바로 실행하기
- 변화를 귀찮아하지 않기

▶ **이선주**
㈜트루에이치알 대표이사

천년 기업 아카데미 과정에서 얻은 통찰과 실행

1. 중지하거나 버린 것

- 게으름 또는 바쁜 척하기
- 딴짓하며 시간 보내기
- 내가 은퇴하면 회사도 정리하겠다는 생각
- 내가 없으면 회사가 안 될 것이라는 생각

2. 유지하고 있는 것

- 일찍 출근하기
- 솔선수범하기
- 꾸준히 소통하기
- 수평적 조직문화

3. 새롭게 시작한 것

- 한 방향 정렬이 가능한 인재 선발하기
- 인재 육성을 통해 기업의 영속성 유지하기
- 회사의 핵심 인재들과 사업의 책임과 권한 나누기
- 직원이 재택근무이어도 원활한 업무 협조 유지하기

▶ 하창우
K.S. COMPESSOR㈜ 경영 후계자

천년 기업 아카데미에서 얻은 통찰과 실행

1. 중지하거나 버리거나 줄인 것.
- 나태한 습관과 미루기
- 비생산적인 일에 시간 허비하기

2. 유지하고 있는 것
- 열린 소통
- 긍정적인 마인드 갖기

3. 새롭게 시작한 것
- 뉴스 읽기
- 독서
- 명상

제7장

패널들이 생각하는
소통 리더

▶ **노윤경**
노윤경코칭부티크㈜ 대표이사

천년 기업가의 철학과 실행
"나는 누구인가? 내 철학은 무엇인가?"

삶은 여정이다. 결과나 성취는 꿈을 꾸고 꿈을 이루기 위해 실행하는 여정 덕분이다. 내 삶은 '꿈 동산'이다. 꿈이 많다. 꿈을 꾸는 것도, 이루기 위해 몰입하는 것도 신났다. 그 과정에서 내가 누구인지, 무엇을 좋아하는지, 누구와 통하는지 알게 됐다. 꿈을 이루면서 성장하고, 삶이 변화 확장되며, 세상에서 내 역할을 알아 갔다.

영어는 내 삶에 분기점을 선물했다. 중학교 1학년 때 ABC를 처음 배우면서 나는 신기했다. "어떻게 이런 것으로 눈 파랗고 머리가 노란 사람들은 대화하지? 나는 저쪽 세상이 궁금해." 그날 내게는 글로벌 꿈이 생겼다. "전 세계를 훨훨 날아다니며 사람들을 만나고 세상을 알아 가고 싶어!"

그날 이후 지금까지 40년 동안 그 꿈은 내 심장에서 쿵쾅거리고 있다. '글로벌'을 향해 매일 매진한 덕분에 이제는 우리말로, 영어로 국내외 경영자들을 코칭한다. 경영자들은 나와 함께 글로벌 비전을 수립하고 그에 필요한 코칭 리더십과 비즈니스 커뮤니케이션을 연마한다. 이제껏 4,000시간가량 코칭해 왔다. 2019년 8월 현재, 국내 7번째로 국제인증 마스터 코치(MCC, Master Certified Coach)가 되는 영광도 얻었다. (2020년 8월 현재 국내 MCC는 총 10명)

2019년 봄, 나는 천년 기업가를 선언했다. 내 회사도, 내가 코칭하는 경영자들의 회사도 천년 기업으로 영속하기를 소망한다. 코칭의 파워를 믿는다. 코칭을 통해 나도 경영자들도 삶과 일의 방향성이 명료해지고 활력이 생겼다. 우리가 원했던 탁월한 리더십, 인재 육성, 그리고 글로벌 비즈니스를 이루었다. 이제 나는 천년 기업가로서 세대를 넘은 전통 계승을 만들고자 한다. 코칭으로, 코칭 철학으로 기업들도, 세상도 지속적으로 발전하기를 원하기 때문이다.

이를 위해 나는 다음과 같은 3가지의 중요성을 믿고 실천하고자 한다. 첫째, 코치들의 솔선수범, 둘째, 존재 코칭의 정립과 확산, 셋째, 생태계 구축(후대 양성 포함)이 있다.

첫째, 솔선수범: 코치들이 먼저 코칭을 존재 방식과 소통 방식으로 살고 일한다.

코칭 철학에는 '1) 우리는 무한잠재력을 가지고 있다. 2) 해답은 그 사람 내면에 있다. 3) 해답을 찾는데, 파트너가 필요하다.'가 있다. 우리 모두가 이 코칭 철학을 믿고 살아간다면 가정, 학교, 회사, 공동체, 국가 그리고 세상은 어떻게 달라질까? 코칭의 파워를 믿는 코치들이 먼저 코칭 철학에 기반해서 살아간다면 자연스레 영향력이 확산될 것이다.

코칭은 'Good to Great'이다. 자신과 조직의 잠재력을 깨우고 더 탁월한 성과를 내도록 성찰을 하고 실행한다. 나는 코칭하는 것만큼이나 받는 것을 좋아한다. 2006년 전문 코치가 되고 14년 동안 나는 주 1~4회 코칭을 받아왔다. 삶, 우정, 사랑, 커리어, 비즈니스, 발표, 협상, 나와 함께 하는 사람들의 잠재력 깨우기 등 코칭을 받는 분야는 삶과 일의 전체를 아울렀다. 자체 연구회도 매주 평균 3개 이상 참여해왔다. 학식으로 머리를 채우기가 아니다. 비워야 채워졌다. 채우는 것이 Good이라면 비우기는 Great이다. 떠나야 더 큰 세상을 만났다. 기존의 나를 내려놓고 안전지대를 떠나, 더 큰 나를 향해 도전했다. 실행하면서 배운다. 내가 무엇을 잘하는지, 어떤 것을 보완해야 하는지 자연스레 학습이 일어난다. 이후 코칭 세션이나 연구회 성찰 시간을 통해 내 실행을 돌아보며 제2의 학습이 일어난다. 그에 기반해 실행계획을 보완하는 거다. 계속된 진화와 전환이 일어나는 시점이다.

둘째, 존재 코칭 확립: 이제 코칭을 더 깊고 높은 차원으로 발전시켜야 한다

코칭은 고객의 무한잠재력을 깨우는 지속적 자기계발 모델로 자리매김해야 한다. 지난 10년 넘게 2명의 코치가 나의 삶과 일의 전 분야를 코칭해 왔다. 나의 글로벌 꿈, 그리고 내 잠재력 발현을 가로막는 내면의 제약들을 꾸준히 작업해왔다. 또한 해마다 내가 집중하는 분야 — 예를 들면, 디지털 역량 개발, 스마트 워크 시스템 구축 등 — 에 따라 6개월~1년 동안 코칭을 받기도 한다.

그간 코칭은 자기 인식에 기반한 특정한 행동 양식의 변화에 초점을 맞추어 왔다. 경영자들의 Being(존재)에 기반하여 의식과 무의식의 영역을 모두 포괄하여 무한잠재력을 깨우는 과정과 시스템에 집중해야 한다. 보다 근원적이고 영속적인 변화가 가능하다. 참고로 그간 6년, 4년, 3년 등 장기로 경영자들을 코칭해 왔다. 장기 파트너십을 통해 또한 의식을 깨우고 평생학습을 돕고 있다.

셋째, 생태계 구축: 한국에 전문 코칭이 들어온 지 약 20년이다

지금껏 소수의 코치들, 또는 코칭 회사 위주로 코칭을 해왔다. 하지만 이런 소수의 리그로는 코칭이 핵심 산업으로 성장할 수 없다. 건강한 코칭 생태계를 만들어야 한다. 이를 위해 코치와 코칭의 성공모델들을 계속 계발하여 코칭업권 전체에 확산해야 한다.

전문 코치 양성도 중요하지만, 코치형 리더 양성도 그에 못지않게 중요하다. 조직 내 코칭 리더십이 어떤 파워를 가지는지 입증할 필요를 느꼈다. '여성', '글로벌', '디지털', '코칭'은 미래 성장동력의 키워드이다. 이에 발맞추어 작년부터 한 기업의 여성 리더들을 대상으로 코치형 리더 양성을 시작했다. 이 여성 리더들이 코칭 철학을 기반으로 코칭 리더십을 키워 먼저 코치형 리더로 자리매김하고, 이어 선도적으로 조직 내 코칭 문화를 구축하며, 코치형 리더들을 지속적으로 양성할 계획이다. 향후 3년간 이 모델을 구축하여 그 조직 내에 성공 케이스로 자리매김하면 다른 조직들로 이 모델을 확산할 예정이다.

이렇게 나는 내 본연의 잠재력을 깨우고 천년 기업가로 성장하며, 차세대 경영자들도 천년 기업가로 성장하도록 코칭하고자 한다. 이 마음으로 나 자신과 상대의 무한 가능성을 믿으며, 매일 7~11am 자기계발 시간을 가진다. 작은 실천으로 하루를 시작한다. 기상 직후 스트레칭을 하고 물 한 잔을 마신다. 그리고 명상과 영어학습으로 아침을 연다. 매일의 첫 1시간이 오늘의 방향키이기에….

▶ Sharon 노윤경
노윤경코칭부티크㈜ 대표이사

Why Global Coaching?"

"여기 야구선수가 있습니다. 한국을 넘어 메이저 리그를 꿈꿀 수 있지요. 박찬호 선수에 이어 류현진, 추신수 선수가 세계적 기량을 뽐냈지요. 글로벌 비전을 가지고 메이저 리그에 도전장을 내밉니다. 만반의 준비를 해서 성공했지만, 본격적인 행보는 이제 시작이죠. 신체 컨디션도 관리하고 슬럼프나 향수병이 생기지 않도록 감정과 스트레스도 관리하고요. 새로운 코칭 스태프들과 동료 선수들과 관계도, 팬 관리도 중요합니다. 자신감을 잃지 않고 어려운 시간을 오히려 실력을 갖출 기회로 만드는 선수만이 살아남을 수 있습니다. 꾸준히 성과를 내면 국내 선수 때와는 비교가 안 되는 명성과 대우가 보장됩니다. 몇 년 후 귀국해 코칭 스태프가 되거나, 후배들을 양성할 수도 있겠지요."

"Why is Global?"

글로벌은 시공간을 넘은 '무경계'의 장입니다. 시대가 변화하고 이제 글로벌은 일상이 되었습니다. 다른 나라에서 발생한 일이 우리의 경제와 일상에 빠른 속도를 영향을 끼칩니다. 대기업만큼이나 중소기업이, 개개인이 글로벌의 영향을 받습니다. 요즘처럼 변화무상하고 위기 요소가 많을 때, 우리에게 다양한 포트폴리오를 제공할 수 있습니다. 이제 기업도, 개인도 생존과 지속가능성을 위해서 '글로벌'은 필수입니다.

글로벌 코칭은 아래 질문으로 시작합니다.

"아무런 제약이 없다면 어디서 누구와 무엇을 하시겠습니까?"

리더로서 여러분의 답변은 무엇인가요? 그 답에 나의 사명과 비전, 시대 의식과 흐름, 그리고 핵심 가치가 담겨있습니다. 예를 들어, 제 사명은 '천년 기업가로서, 천년 기업가들과 천년 기업을 코칭합니다.'입니다.

저의 목표는 '2030: CEO coach from New York to Africa'입니다. 2030년도에 저는 한국을 넘어 뉴욕(New York)에서 아프리카에 이르기까지 전 세계를 다니며 CEO들을 코칭하려는 비전이 있습니다. 100인의 MCC를 양성하고요.

(*MCC: 국제코치연맹 ICF가 공인하는 최고 수준의 국제 코치 인증, 2018년 1월 현재 전 세계적 1,000여 명, 2019년 8월 현재 국내 8명)

(*ICF: Int'l Coach Federation, 국제표준을 선도하는 세계 최대 규모의 전문코치 협회, 약 100개국 20,000명 회원)

제 현실은 어떨까요? 저는 지난 14년 간 코치로서 제 글로벌 비전을 이루기 위해 계획을 세우고 실행해왔습니다. 현재 저는 국내 10명의 국제인증 마스터 코치(MCC) 중 한 명이며, 차세대 MCC를 양성하고 있습니다. 지금도 코칭 역량 개발하고 해외 코칭 회사들과 협업하며, 영어 역량을 키우고 있습니다. 매일매일 제 2030 비전에 가까워지고 있습니다.

이렇게 '글로벌 코칭'은 개인이 세계를 무대로 탁월한 성과를 이루며 세상에 기여하며 잠재력을 발현하는 과정입니다.

1단계: 리더 자신의 미션을 찾고, 글로벌 비전을 수립합니다.

2단계: 이 글로벌 비전을 이루도록 리더십과 글로벌 커뮤니케이션 차원에서 리더들을 훈련시키고 응원합니다.

즉, 'CEO들이 글로벌 비전을 이루도록 잠재력 발현하는 원스톱 솔루션'이죠. 우리 한국의 위상이 계속 올라가고 있습니다. 얼마 지나지 않아 국내외 현장에서 우리의 리더들이 리더십을 펼치며 글로벌 커뮤니케이션을 할 것입니다. 이제 한국과 아시아에 맞는 새로운 리더십이 필요합니다. 잠재력을 깨우고 창조성을 발현하는 새 시대의 리더십이죠. 비즈니스 성과나 인재 양성에 필요한 영어 커뮤니케이션도 필수입니다.

그간 많은 리더들이 코칭을 통해 자신의 모습을 찾았으며, 진정성과 글로벌 역량을 갖추고 전 세계를 무대로 활약해왔습니다. 글로벌 기업의 한 임원도 싱가포르에 진출해 새로운 가능성을 열었고, 이제는 귀국해 후배들의 비전 실현을 돕고 있습니다. '3,000억 행복기업' 비전을 세우고, 이를 위한 운영 시스템을 개발하며, 임원들을 육성한 CEO도 있습니다. 각자 길은 달랐지만, 모두 글로벌을 향했습니다.

여기에는 4가지 부문에서 준비가 필요합니다.

첫째, 자아실현을 위한 self leadership입니다. 리더 자신의 지속적 자기계발, 에너지 관리, 일과 삶의 조화, 개인 차원의 관계 등입니다. 회사의 미션·비전과 연계된 개인의 성장을 통해 토대가 만들어집니다.

둘째, 리더십(leadership)입니다. '글로벌 시대, 나는 누구인가? 조직과 세상을 어떻게 이끌 것인가?' 하는 리더십이 갈수록 중요해집니다.

셋째, 커뮤니케이션입니다. 리더십은 주로 커뮤니케이션을 통해 이루어집니다. 주요 이해관계자를 규명하고 각각의 그룹과 어떻게 커뮤니케이션할 것인지를 정의하고 정기·비정기적으로 소통합니다. 특히, 차세대 리더 육성은 리더의 주요 역할 중 하나입니다. 코치로서의 리더의 역할이 점점 각광받고 있습니다.

넷째, 글로벌 시대가 일상이 됨에 따라 리더의 글로벌 마인드와 영어 커뮤니케이션 역량은 필수가 되었습니다.

아무쪼록 글로벌 코칭을 통해 여러분이 '글로벌 시대, 나는 누구인가? 어떻게 살고 어떻게 일할 것인가?'에 대한 영감을 얻고, 통찰과 노하우를 얻으시기를….

저와 함께했던 리더들처럼 여러분의 삶도, 꿈도 여러분이 원하시는 방향으로 꽃 필 것입니다. 여정 내내 제가 응원하며 함께 하겠습니다.

"글로벌 코칭의 세계로 오신 것을 환영합니다!"

▶ 하창우
K.S. COMPRESSOR㈜ 경영 후계자

천년 기업 리더로서의 다짐

천년이라는 엄청난 시간의 길이 앞에서 압도되지 않고 당당히 나아갈 천년 기업가로서 나는 선언한다. '나 하창우는 천년 기업가이며 KS는 천년 기업이다.'. 천년 기업의 기초에는 미래 지속성, 철학, 향상심, 소통, 혁신성이 있다고 생각한다. 5가지 항목에 대해 내가 KS에 다니며 생각하고 느끼며 실천해본 것들에 대해 말해보고자 한다.

미래 지속성

매일 출근하며 기업의 미래 지속성에 대해 생각한다. 최근 급변하는 산업의 소용돌이 틈에서 KS의 미래 먹거리는 무엇이 있을까. 오일 전쟁에 이어 코로나 사태까지 겹치며 기반산업들의 입지가 낮아지고, 언택트 중심의 사업들과 대규모 전염병을 대비할 수 있는 시스템 사업과 제약산업들의 규모가 날이 다르게 커지는 와중에 대형산업기기인 컴프레서(COMPRESSOR)를 생산하는 우리에게는 어려움만 존재한다고 생각하였다. 위기 속에서 기회를 찾을 수 있는 무기가 우리 회사에는 존재하지 않는 것처럼 보였다.

하지만 오일 전쟁 이후 이전부터 세계가 주목해왔던 친환경 에너지 및 대체 에너지 소비가 더욱 각광받기 시작했고, 우리나라 정부 또한 그에 발맞추어 그린 뉴딜정책을 발표하였다.

이전부터 CNG COMPRESSOR와 수소 COMPRESSOR를 생산할

수 있는 기술을 가진 광신기계는 전 세계적으로 코로나의 여파로 힘든 시국에 코로나 통제력이 높은 한국의 이점을 이용하여 컴프레서(COMPRESSOR) 생산업체로서 입지를 공고히 할 수 있는 좋은 기회를 잡을 수 있을 것으로 보인다. 또 정유산업의 입지가 낮아짐에 따라 정유사업의 비중이 낮아지고, 화학 플랜트 사업의 비중이 커짐에 따라 RECIPROCATING COMPRESSOR의 납품 수량도 많아질 것으로 예상된다. 화학 플랜트 사업의 변화에 귀 기울이고, 새로운 프로젝트 가능성에 대해 예상하여 미리 업체들에 CONTACT 해 볼 필요성에 대해 주의하였다.

외부적인 요소는 비단 거기서 그치는 것이 아니라 내부적인 지속성에도 영향을 끼친다. 코로나 사태는 많은 기업들에게 재정적 어려움을 겪게 하였고 KS도 예외는 아니었다. 시간 외 근무의 규정이 엄격해지고 주말 작업 지양, 팀 단위 회식 지양 등 여러 방면에서 노동자의 소득과 편의가 줄었다. 불가피한 외부적인 요소로부터의 불편함을 노동자들도 어쩔 수 없음을 인지하지만, 지속적인 불편함은 인지적 문제와 별개로 감정적 문제로 발전할 수 있다.

세대의 변화가 있었고 전반적인 사회의 문화는 더 이상 "회사가 어려울 땐 노동자가 회사를 생각하고, 노동자가 어려울 땐 회사가 노동자를 생각하자."라는 말을 받아들이지 않는다. 코로나 사태로 기업의 어려움을 노동자들에게 이해를 바라는 것은 어불성설이라고 본다.

그렇다면 어떻게 이러한 불편함을 해결할 수 있을까? 앞으로 내가 해결해야 할 문제이다. 각자의 기업에서는 어떤 방법으로 해결하면 좋을지 생각해보면 좋은 질문이 될 수 있을 것 같다.

철학

기업을 운영하는 데 있어 가장 중요한 항목이라 생각하며 가장 수립하기 어렵다고 느낀다. KS의 기업 철학은 어떠한가.

KS의 미션은 다음과 같다.

- KS는 세계 모든 시장에서 요구하는 COMPRESSOR를 제조할 것입니다.
- KS는 기존 COMPRESSOR의 한계를 벗어날 것입니다.
- KS는 직원들이 좋은 회사라고 말할 수 있는 회사가 될 것입니다.
- KS는 프로젝트를 가장 잘 수행하는 회사가 될 것입니다.
- KS는 소통을 기반으로 노사가 동반성장 할 수 있도록 지원할 것입니다.

기업 철학의 모든 부분을 미션과 비전으로 설명할 수 없지만, 기업의 방향성을 정의하는 데 있어 이보다 정확한 것은 없다고 생각한다. 나는 KS를 위 미션과 비전에 따라 성장시켜 나갈 것이며, 회사 모두가 미션과 비전을 공유하고 동감한다면 우리는 필히 우리의 미션과 비전을 달성할 수 있으리라 믿는다.

향상심

많은 직장인들 그리고 취업준비생들에게 '일할 기업을 선택함에 있어 가장 중요한 것은 무엇입니까?'라는 설문에 꼭 3위 안에 드는 대답 중 하나는 '일을 하면서 나를 발전시키고 더 나아질 수 있는 회사'이다.

인간은 기본적으로 더 나은 삶을 원하고 행복을 좇으며 살아간다.

발전된 현대사회에서 사람들은 일을 통해 경제적 풍족함을 누리면서도 이전보다 자아실현 욕구와 자기계발 또한 충족시키고 싶어한다.

　직원들의 향상심 고취와 그를 충족하는 활동을 제공하는 것은 천년 기업의 기초를 다지는 일이라고 생각한다. 노동자들의 업무가 단순노동에서 혁신과 아이디어, 그리고 창의성을 요구하는 복합노동으로 변화하고, 있으며 앞으로는 4차산업과 AI 등으로 더 가속화될 예정이다.

　기업은 필수 불가결하게 직원들을 향상시켜야 하며, 이는 업무적인 측면에 국한되지 않는다. 업무적인 능력의 향상만을 기업에서 요구하는 경우, 직원은 능력의 향상이 본인의 커리어와 업무수행에 도움이 되는 것을 인지함에도 불구하고 반발심을 가지는 경우가 많다.

　애초에 향상심의 발현은 개인의 업무적인 능력뿐만 아니라 업무 외적인 능력에서도 일어난다. 직원이 기업으로부터 충분히 도움받고 있고, 회사가 추구하는 향상의 방향성에 대한 믿음을 가지려면 업무 외적인 능력의 향상에 대한 지원 또한 필요하다.

　KS는 업무적인 향상에 대해 적극적으로 지원하고 있다. 업무에 관련된 기사 자격증 등을 취득하거나 외국어 능력 시험 등에서 우수한 성적을 받을 경우에 성과급으로 지급하고 있다. 또한, 업무 외적인 향상에 대해서도 도서구입비 지원, 가족 상담 지원 등을 통해 지원하고 있다. 직원들과 꾸준한 소통을 통해 직원들이 향상심을 유지할 수 있도록 지원해야 한다고 생각한다.

소통

　누군가가 나에게 인간으로서 중요한 능력이 무엇이라고 묻는다면 나는 두 가지 능력을 말할 것이다.

첫째는 사랑할 수 있는 능력이며,
둘째는 질문할 수 있는 능력이다.

질문할 수 있는 능력은 우리로 하여금 모르는 것을 알게 해준다. 소통의 주체는 둘 이상의 개체로 이루어진다. 개체는 사람이 될 수도 있고 집단이 될 수도 있다.

기업에서의 소통은 작게는 팀 단위 내에서 이루어지는 업무적·비업무적 소통부터 크게는 노사 양 집단의 소통, 나아가면 시장과 기업의 소통까지 볼 수 있다. 예시로 든 모든 소통은 천년 기업을 만드는 데 매우 중요하다. 각각의 연결고리를 살펴보면, 팀 내에서 이루어지는 소통은 팀원들 간의 업무공유 및 유대관계를 위해 원활하게 이루어져야 한다. 그리고 노사 양 집단의 소통은 서로 간 이해하기 힘든 부분을 상대측에게 알려 각 집단의 이해에서 벗어나 상대를 이해할 수 있는 발판이자 창구이다. 나아가서 시장과 기업의 소통은 기업의 존속을 결정짓는 소통이라 볼 수 있다. 시장의 소리를 듣지 못한다면 기업은 쇠퇴하여 시장에서 사라질 것이다.

이렇듯 모든 소통은 각각의 의미를 가지고 있고, 소통을 요구하는 측에서도 소통을 위한 용기가 필요하며, 소통을 요청받은 측에서는 적극적으로, 그리고 긍정적으로 해당 소통에 임해야 한다. 그래야 소통은 이어질 수 있고, 그래야 천년 기업이 이루어질 수 있다.

전 직장에서도 그랬었고 KS에서도 마찬가지로 팀 내에서 긍정적이고 원활한 소통이 없어 오해를 부르는 경우가 많아 업무효율 저하에 이어, 심하면 팀워크 자체에도 심각한 영향을 끼치는 것을 보았다. 노사 양측간의 소통에서도 문제는 많다. 양측이 소통한 내용에 대해서

서로 책임의식을 가지고 노력하지 않으면 결국 소통하려 하지 않게 되고, 이는 노사 양 측간의 갈등을 더욱 심화시키게 된다.

혁신성

산업의 변화는 우리가 인지하는 것보다 더 빠르게 이루어지고 있고 기업은 그에 맞춰 변화하지 않으면 도태되어 시장에서 퇴출당하게 될 것이다. 그렇다면 기업이 변화에 따라가려면 갖추어야 하는 덕목은 무엇일까. 나는 혁신성이 정답이라고 생각한다.

삼성의 이건희 회장의 "마누라와 자식 빼고는 다 바꿔라."라는 말에서 느껴지듯, 기업은 모든 면에서 혁신을 시도해야 한다. 기술, 인사, 조직, 급여 등 모든 부분에서 더 나은 것을 찾아 헤매야 하고, 시도해야 하고 바꾸어야 한다.

KS에서는 어떤 혁신이 나올 수 있을까? 언급한 모든 면에서 혁신은 시도되어야 한다고 보여진다. 직원들과 CEO 모두 변화의 필요성을 느끼고 있음에도 불구하고 변화라는 것을 막상 받아들이기는 힘들어 보인다.

변화에 대해서 언급하고 의견을 물어보면 대부분 부정적인 견해가 많았다. 현재 체계에 대한 불만이 곧 새 체계에 대한 환영은 아니기 때문에 혁신에는 많은 노력이 필요하다. 이때 CEO의 방향성과 의지가 혁신의 여부를 결정짓게 된다. KS는 원래 전라남도 근처 영업활동만 수행하고 있었는데 CEO의 시장과 조직에 대한 혁신을 통해 7년 전부터 인도네시아 시장과 국내의 대부분 시장에 대해 업무를 수행하고 있다.

첫 변화에 있어서 굉장히 많은 반대에 부딪히고 우려되는 사항 또한 많았다. 급진적인 변화에 일부 퇴사자도 있었지만, 결국 시장을 개척하고 조직 혁신을 통해 업무 분담 체계가 변화되었다.

앞으로도 KS가 혁신을 이루어야 하는 분야는 산재해 있다. 급하지는 않되 멈추지 않으며, 모든 면에서 혁신을 계획하고 이루어 가면 천년 기업의 기초를 세우는 하나의 발걸음들이 될 것이라 믿는다.

▶ **서인수**
프랙티스 디자인 랩 대표

천년 기업의 조직관리 방법

최근 Covid-19가 전 세계적 유행 중입니다. 미중 무역전쟁은 심화되고 있고, 중동전쟁도 시작되고 있습니다. 또한 전기차와 수소차가 빠르게 성장하고 있습니다. 이렇게 경영환경이 빠르게 변화고, 예측 불가능하므로 이에 대한 대응 전략을 수립하기 위해 VUCA의 용어를 경영자들이 사용하고 있습니다.

VUCA는 Volatile(변동성), Uncertain(불확실성), Complex(복잡성), Ambiguous(모호성)의 첫 글자들을 조합한 말로, 급변하는 경제 상황과 모호한 사회 환경을 의미하고 있습니다. 원래는 냉전 시대에 미국과 경쟁하던 소련이 붕괴하고 사라진 이후, 환경 변화를 더욱 예측하기 어려워졌기 때문에 이를 설명하기 위해 육군대학에서 군사 전략가들이 만들어 사용하기 시작했던 용입니다.

유니레버는 최신 연례보고서에서 '시장의 현상은 VUCA 세상이며 거기에 어떻게 대응하느냐가 성장의 관건'이라고 밝히고 있습니다. 그리고 경영전문가들은 VUCA 시대에 조직이 살아남기 위해서는 빠른 의사결정과 실행력, 작은 도전과 모험을 통한 실험정신, 민첩한 대응이 필요하다고 강조하고 있습니다.

VUCA시대에 천년 기업이 되기는 위해서 조직관리를 어떻게 해야 할까요? 미국의 저널리스트이자 베스트셀러 작가인 대니얼 코일은 자신의 저서 『최고의 팀은 무엇이 다른가』에서 프로 스포츠팀, 특수부대, 기업, 영화사, 코미디 극단 등 가장 성공한 8개 집단을 찾아다니며 연구한 결과 긴밀한 협업을 만드는 조직만이 최고의 성과를 이끌어내고 시너지를 발휘하는 문화를 만들 수 있다고 합니다. 그리고 긴밀한 협업을 만들기 위해 팀에 필요한 3가지 질문은 '나는 이곳에서 안전한가?', '당신은 얼마나 취약한가?', '우리의 이야기가 있는가?'라고 합니다.

첫 번째 질문, '나는 이곳에서 안전한가'입니다.

이는 소속감과 안정감에 대한 이야기로, 구성원들이 자신이 속한 조직과 팀에 소속감을 느끼고 동료 간에 서로 연결되어 있다는 느낌을 받을 때 구성원들이 가진 역량 이상을 발휘한다는 내용입니다.

실제 구성원의 동기부여에 리더의 인지적 요소인 능력보다 정서적 요소인 관계가 월등히 많은 영향을 미친다는 연구 결과가 최근에 많이 등장하고 있습니다. 조직과 팀의 구성원들이 대화할 때, 서로 안전하다고 느끼는지 고민해봐야 합니다. '심리적 안정감'이라는 말은 구글이 2년 동안 180여 개 팀을 연구한 결과 생산적인 팀의 5가지 요건을 찾아냈는데, 가장 중요한 요소로 도출한 키워드입니다. 나머지 4가지

요건(상호의존성과 연대의식, 체계와 명확성, 일의 의미, 일의 영향과 파급력에 대한 확신)도 제1요소인 심리적 안정감이 전제되어야만 가능하다고 판단했습니다. 그만큼 탁월한 팀을 만드는 데 가장 중요한 요소라고 할 수 있습니다.

'심리적 안정감'은 자신의 팀에서 팀원이 업무와 관련해 그 어떤 의견을 제시해도 벌을 받거나 보복당하지 않을 거라고 믿는 조직환경을 말합니다. 심리적 안정감은 서로를 신뢰하고 존중하며 자기 생각을 솔직하게 나누게 만듭니다. 실제 현장에서는 팀원들이 이 말을 할까 말까 고민하면서 다른 사람에게 비판받거나 책임이 올까 봐 중요한 아이디어나 현장의 심각한 문제를 말하지 않는 일들이 비일비재하게 일어납니다. 리더가 조직의 심리적 안정감을 만들어내기 위해서는 다양한 의견이 필요하다는 것을 인지하고, 자기의 말이 틀릴 수도 있다는 것을 인정하는 것입니다. 그리고 함께 불편한 이야기도 솔직하게 하는 분위기를 만들어내는 것이 중요합니다.

두 번째 질문, '당신은 얼마나 취약한가?'는 취약성에 대한 이야기입니다.

예전에는 리더가 사적인 자리에서는 편하게 대하지만, 공적인 자리에서는 빈틈을 보이지 않으려고 노력했는데, 오히려 약점을 드러내 보일 때 구성원들이 이를 보완하고 공헌하고 싶은 동기를 유발하여 협력하게 만든다는 내용입니다. 취약성은 상호 연결을 만들어 내고 시너지를 발휘할 수 있게 합니다. 리더가 독단적으로 의사결정을 하고 구성원들에게 일방적인 지시로 업무를 강요하고 통제하려고 하는 것보다, 구성원에게 자문을 구하고 도움을 요청할 때, 구성원들은 기꺼이 참여하고 협조합니다. 리더와 구성원들이 서로 취약성을 인정하는 것은 부끄러운 것이 아닙니다. 위기를 돌파하는 리더들은 자신의 말이 모두 정답이라고 이야기라고 강요하지 않습니다. 그리고 현재의 상황을 회피하지 않고, 자신의 부족함을 솔직하게 인정하고 도움을 요청합니다.

책에서는 1989년 덴버에서 시카고로 가던 유나이티드 여객기의 사건을 사례로 소개합니다. 여객기는 비행 중 꼬리 엔진이 갑자기 폭발하는 사고를 당하는데, 이런 고장이 일어날 확률은 10억분의 1밖에 되지 않을 정도로 희박합니다. 따라서 여객기에 탑승한 기장이나 부기장 모두 이런 훈련을 받아본 적이 없었습니다. 하지만 현장에서 두 조종사와 우연히 승객으로 있던 조종사 훈련 교관까지 세 명이 한 팀이 되어서 비행기를 수동으로 인근 공항에 착륙시키고, 285명의 승객을 구출해내게 됩니다. 너무나 성공적인 사례라서 이후 비행시뮬레이터를 통해 똑같은 상황을 재현해놓고 베테랑 조종사들이 똑같은 사고 현장에서 승객을 구출해낼 수 있는지 실험을 해보았는데, 28번 모두 실패로 끝이 납니다. 그러면서 왜 세 명의 조종사는 승객을 무사히 구출해냈는지 분석한 결과, 조종사의 능력은 성공의 핵심이 아니었으며, 오히려 그들이 나눈 대화가 성공의 키워드였다는 것을 알게 됩니다. 기장은 사고 현장에서 일방적으로 지시한 것이 아니라 자신도 솔직히 어떻게 돌아가는지, 어떻게 해야 하는지 모르겠다고 이야기를 한 후, 함께 문제를 해결하기 위해서 노력하였습니다. 그 결과 3명의 경험과 노하우, 의견이 종합적으로 반영되어 승객을 구출할 수 있게 되었던 것입니다. 다만 현장에서 조심해야 할 것은 리더들이 구성원들에게 단순히 '힘들다', '어렵다' 식의 말만 쏟아내는 것은 리더의 취약성이라 볼 수 없습니다. 취약성은 컨트롤 할 수 없는 불확실성, 위험성, 그리고 그에 대한 자신의 두려움을 솔직하게 이야기하고 함께 문제를 해결해보자고 말하는 것입니다. 불편한 대화도 서로 잘 할 수 있는지, 진실을 말할 수 있는지, 힘들 때 힘들다고 표현할 수 있는지가 중요합니다. 그리고 문제를 해결하고 성과를 달성하기 위해 다른 사람에게 도움을 요청할 수 있어야 합니다.

취약성의 단어를 유명하게 만든 심리학자 브레네 브라운은 취약성을 용기라고 합니다. 그리고 취약성은 혁신과 신뢰 공감의 시작이라고 합니다. 리더는 불편하다고 해서 솔직하고 진실된 대화를 회피하면 안 됩니다. 솔직하게 터놓고 이야기하고 함께 문제를 해결하기 위한 노력을 해야 합니다. 그러기 위해서는 역시 먼저 첫 번째 요소인 심리적 안정감이 전제되어야 할 것입니다.

세 번째 질문, '우리의 이야기가 있는가?'는 공동의 목표를 이야기합니다.

그저 액자에 있는 보기 좋은 비전이나 미션을 이야기하는 것은 아닙니다. 우리의 현주소와 우리가 가고 싶어 하는 곳을 함께 공유하는 것으로 공동목적 환경을 만드는 것을 말합니다. 우리는 뭐 하는 팀인지를 명확하게 표현해 놓아야 합니다.

팀 목적 없이 단순히 분기별 목표나 단발성 목표로만 구성원들을 동기부여 하기에는 부족합니다. '우리 팀이 무엇을 위해 일하는가'를 명확히 정의해 놓아야 팀의 방향성이 생깁니다. 이렇게 공동의 목표를 만들기 위해서는 먼저 우리 팀의 고객이 누구인지 정의할 수 있어야 합니다. 팀의 고객은 내부에도 있을 수 있고 외부에도 있을 수 있습니다. 그리고 고객이 중요하게 생각하는 일들이 무엇이고 그들의 만족을 위해 우리가 기여해야 하는 가치들도 명확히 정의가 되어 있어야 합니다. 또한 나아가 함께 일하기 위해 우리가 지켜야 할 행동 규칙도 만들어 놓으면 팀의 방향성은 더욱 명확해집니다. 팀의 고객과 우리가 기여해야 할 가치, 과제, 그리고 바람직한 결과를 통해 팀의 목적을 한 문장으로 만들어 놓으면 우리들의 이야기를 더욱 구체화할 수 있습니다.

전통적인 지시통제의 스타일로는 더 이상 구성원들을 동기부여하고 조직을 효과적으로 관리하기 어려운 시대입니다. 구성원들이 자율적으로 일을 하고, 책임감을 지니며, 업무를 수행할 수 있도록 돕기 위해서는 우리가 가고자 하는 방향이 명확해야 하고, 정서적으로 연결되어 있어야 하며, 심리적으로 안정감을 가질 수 있도록 해야 합니다. 이를 통해 모두가 파트너가 되어 함께 문제를 해결하고 성과를 창출하는 팀을 만들어 내야 할 것입니다.

에필로그

《일 잘하는 사람의 생각법》을 펴내는 데 많은 도움을 준 지식공감 김재홍 대표님께 무엇보다 감사를 드립니다. 총괄 기획을 담당한 전재 진 님, 디자인을 담당한 김은주, 김다윤 님 마케팅을 담당한 이연실 님에게도 감사드립니다.

천년기업리더십 과정 2기를 지난 1년간 진행하면서 했던 많은 대화 와 생각들을 정리하는 시간이 결실을 맺게 된다고 생각하니 무엇보다 감개무량합니다.

천년기업리더십 1기 과정 진행 결과물인 《지속성장 가능한 천년기 업의 비밀》도 결국 직장에서 성공하는 방법과 은퇴 후의 성공적인 삶 을 어떻게 살 것인지에 대한 내용이었는데, 이번에 발간하는 《일 잘하 는 사람의 생각법》은 그 내용을 직설적으로 잘 표현했다는 생각이 듭 니다.

책 제목 선정에 같이 고심해준 둘째 아들에게도 감사를 드립니다. 오랜만에 대화하는 즐거움도 가졌습니다. 이 과정에서 아내를 비롯한

온 가족이 함께한 목적으로 소통하는 시간을 가졌습니다.

인간은 생각하는 존재입니다. 각자 생각이 다른 존재이기도 합니다. 그 생각의 차이가 결국 성공과 실패를 가르는 시발점이 됩니다. 이 책은 성공하는 사람, 일 잘하는 사람이 어떻게 생각하는지를 생각하게 한 책입니다.

이 책을 읽으시면서 일 잘하는 사람들의 생각법을 한번 엿 보시기 바랍니다. 감사합니다.

참고문헌

- IGM 세계경영연구원 저/세상 모든 CEO가 묻고 싶은 질문/위즈덤하우스/2012
- KCERN 저/4차 산업혁명의 일자리 진화/디투스튜디오/2017
- 강윤철 저/회사원을 위한 심리학 사용법/스타북스/2016
- 강일수 저/이기는 사장은 무엇이 다른가?/비즈니스맵/2016
- 게랄트 휘터 저/이상희 역/우리는 무엇이 될 수 있는가/추수밭/2012
- 공병호 저/공병호의 변화경영/21세기북스/2011
- 권경민 저/마케팅 천재가 된 홍 대리/다산라이프/2013
- 권오현 저/김상근 정리/초격차/쌤앤파커스/2018
- 김경복 저/겸손의 리더십/랜덤하우스코리아/2005
- 김경준 저/사장이라면 어떻게 일해야 하는가/원앤원북스/2015
- 김경훈 저/비즈니스의 99%는 예측이다/리더스북/2012
- 김난도 저/트랜드 코리아 21/미래의 창/2020
- 김남인 저/태도의 차이/어크로스/2013
- 김민주 저/300 : 29 : 1 하인리히 법칙/미래의창/2014
- 김형수 저/선견술/시학사/2015
- 나이토 요시히로 저/궁극의 독심술/아라크네/2018
- 닐 도시 린지 맥그리거 저/유준희·신솔잎 공역/무엇이 성과를 이끄는가?/생각지도/2016
- 대니얼 리처드슨 저/심리학자들이 알려주지 않는 마음의 비밀/㈜예문아카이브/2018
- 대니얼 코일 저 /윤미나 역/탤런트 코드/웅진지식하우스/2015
- 데이비드 버커스 저/경영의 이동/한국경제신문사(한경비피) /2016
- 데이비드 알레드 저/이은경 역/포텐셜/비즈니스북스/2017
- 도널드 설 저/안진환 역/기업혁신의 법칙/웅진지식하우스/2003
- 래리 킹 저/대화의 신/위즈덤하우스/2015
- 랜디 스트리트 외/이주만 역/사장의 질문/부키/2016
- 레이 달리오 저/고영태 역/원칙/한빛비즈/2018
- 로리 바시외 3명 저/굿 컴퍼니/틔움출판/2014
- 로버트 그린 저/안진환·이수경 역/권력의 법칙/웅진지식하우스/2014
- 로버트 하그로브 저/마스터풀 코칭/김신배 외 공역/쌤앤파커스 /2016
- 로자베스 모스캔터 저/경영이란 무엇인가?/한빛비즈/2015
- 류량도 저/일을 했으면 성과를 내라/쌤앤파커스/2016
- 류호택 외 저/천년기업의 비밀/지식공감 /2019
- 류호택 저/상사와 소통은 성공의 열쇠/지식공감/2017

- 류호택 저/코칭전문가의 영성 연구/박사학위 논문/2014
- 리드 호프만, 벤 케스노차 저/차백만 역/어떻게 나를 최고로 만드는가?/알에이치코리아/2013
- 린다 로텐버그 저/주선영 역/미쳤다는 칭찬이다/한국경제신문사/2016
- 마스시타 고노스케 저/사업은 사람이 전부다/중앙경제평론사/2015
- 마이클 레빈 저/김민주, 이영숙 역/깨진 유리창 법칙/흐름출판/2019
- 마틴 셀리그만 저/마틴 셀리그만의 긍정심리학/물푸레/2014
- 메건 맥아들 저/신용우 역/실패의 사회학/처음북스/2014
- 모리야 히로시 저/사장은 혼자 울지 않는다/유노북스/2017
- 모리타 나오유키 저/김진연 역/아메바 경영 매뉴얼 /예문/2015
- 미셸 부커 저/이주만 역/회색 코뿔소가 온다/비즈니스북스/2016
- 미키 다케노부 저/김정환 역/초고속성장의 조건 PDCA/청림출판/2018
- 박상욱 외/리더의 조건/북하우스/2013
- 박영준 저/혁신가의 질문/북샵일공칠/2017
- 벤저민 하디, 김미정 저/최고의 변화는 어디에서 시작되는가/비즈니스 북스/2018
- 브라이언 트레이시 저/황선영 역/위대한 협상의 달인/시드페이퍼/2014
- 서광원 저/사장의 자격/걷는나무/2016
- 세실리 사머스 저/이영구 외 공역/미래학자처럼 생각하라/골든어페어/2017
- 셸리 케이건 저/박세연 역/죽음이란 무엇인가?/엘도라도/2012
- 수전 M 오실로, 리자베스 로머 저/한소영 역/불안을 치유하는 마음챙김 명상법/소울메이트/2014
- 수전 파울러 저/최고의 리더는 사람에 집중한다/가나출판사/2015
- 스티븐 코틀러, 피터 디아만디스 저/이지연 역/볼드/비즈니스북스/2016
- 시바 료타로 저/료마가 간다/동서문화사/2011
- 신동준/리더의 비전/미다스북스(리틀미다스)/2017
- 신시아 A. 몽고메리 저/이현주 역/당신은 전략가입니까/리더스북/2014
- 신인철 저/팔로워십 리더를 만드는 힘/한스미디어/2012
- 신현만 저/사장의 생각/21세기북스/2015
- 싱커스50, 이윤진 역/사장은 어떻게 일해야 하는가/앳워크/2018
- 아루트르 쇼펜하우어 저/권기대 역 /이기는 대화법/베가북스/2016
- 알랜 랭어 저/마음 챙김/이양원 역/더퀘스트/2015
- 알랭 드 보통 외 공저/전병근 역/사피엔스의 미래/모던아카이브/2019
- 알프레드 아들러 저/박미정 역/인생에 지지 않을 용기/와이즈베리/2014
- 앤드류 머리 저/원광연 역/겸손/CH북스(크리스천다이제스트)/2018
- 앤젤라 더크워스 저 /김미정 역/그릿/비즈니스북스/2019
- 앨런 파머 저/문지혜 역/정중하지만 직설적으로/처음북스/2016

- 에드워드 기번 저/조성숙, 김지현 역/로마제국 쇠망사/민음사/2010
- 에이미 휘태커 저/정지현 역/아트씽킹/예문아카이브/2017
- 엘리 골프렛, 제프 콕스/더 골/㈜동양북스/2019
- 와다 가즈오 저/실패의교훈/현대미디어/2012
- 와타나베 아이코 저/정윤아 역/세계의 엘리트는 왜 명상을 하는가?/반니라이프/2017
- 요시 세피 저/유종기·손경숙 공역/무엇이 최고의 기업을 만드는가?/프리이코노미북스/2016
- 우종민 저/우종민 교수의 심리경영/해냄/2013
- 윌리엄 코헨/이수형 역/드러커의 마케팅 인사이트/중앙경제평론사/2015
- 유발 하라리 저/조현욱 역/사피엔스/김영사/2015
- 윤경훈 저/잘 되는 회사는 실패에서 배운다/원앤원북스/2013
- 윤정구 저/황금수도꼭지/쌤앤파커스/2019
- 이나모리 가즈오 저/양준호 역/생각의 힘/한국경제신문사/2018
- 이민규 저/실행이 답이다/더난출판/2014
- 이범준 저/상대방 속마음을 읽는 기술/도서출판 매월당/2017
- 이서정 저/이기는 대화/머니플러스/2013
- 이종훈 저/사내 정치의 기술/정치경영컨설팅/2018
- 이타가키 에이켄 저/김정환 역/손정의 제곱법칙/한국경제신문사/2015
- 임문수 저/사람의 마음을 읽는 기술 0.2초/나비의 활주로/2015
- 임홍택 저/90년생이 온다/웰일북/2018
- 자오위핑 저/박찬철 역/능굴능신의 귀재 유비/위즈덤하우스/2015
- 장현갑 저/명상에 답이 있다/담앤북스/2018
- 정용민 저/기업 위기 시스템으로 이겨라/프리뷰/2013
- 정주진 저/갈등은 기회다/도서출판 개마고원/2017
- 제성은 저/아침을 깨우는 명언 44/㈜북이십일/2011
- 제프 스마트, 랜디 스트리트 저/전미영 역/누구를 어떻게 뽑을 것인가?/부키/2012
- 제프 스마트, 랜디 스트리트, 앨런 포스터 공저/이주만 역/사장의 질문/2016
- 제프리 크레임스 저/장진원 역/드러커의 마지막 인터뷰/틔움출판/2018
- 제프리 페퍼/파워/시크릿하우스/2020
- 조 지라드 저/대화의 기술/경영자료사/2015
- 조미옥 저/성공하는 기업의 DNA/넥서스BIZ/2015
- 조선경 저/위대한 CEO가 우리에게 남긴 말들/위즈덤하우스/2013
- 조셉 머피 저 /김미옥 역/잠재의식의 힘/미래지식/2017
- 조지프 A 마시아리멜로 저/신민석 역/당신은 어떤 리더입니까?/한국경제신문사/2015
- 존 더글라스/최유리 역/신뢰가 실력이다/함께/2014
- 존 레이티, 에릭 헤이거먼 저/운동화 신은 뇌/녹색지팡이/2009

- 존 맥스웰 /김홍식 역/태도, 인생의 가치를 바꾸다/꿈꾸는별/2014
- 존 엘킹턴,요헨 자이츠 저/김동규 역/21세기 기업가 정신/마일스톤/2016
- 존 카밧진 저/존 카밧진의 처음 만나는 마음챙김 명상/불광출판사/2015
- 존 코터 저/한정곤 역/기업이 원하는 변화의 리더//김영사/2007
- 진무송 저/김찬연 역 /삼십육계/반디출판사/2010
- 짐 콜린스 저/좋은 기업을 넘어 위대한 기업으로/김영사/2002
- 차드 멍탄 저/권오열 역/너의 내면을 검색하라/알키/2012
- 찰스 두히그 저/강주헌 역/습관의 힘/갤리온/2012
- 채사장 저/지적 대화를 위한 넓고 얕은 지식/한빛비즈/2014
- 최송목 저/사장의 세계에 오신 것을 환영합니다/유노북스/2017
- 최진석 저/탁월한 사유의 시선/21세기북스/2018
- 최철규 저/협상의 신/한경비피/2015
- 케빈켈러 저/이한음 역/인에비터블 미래의 정체/청림출판/2017
- 켄블렌차드/켄블렌차드의 리더의 심장/빅북/2011
- 켈리 맥코니컬 저/신예경 역/스트레스의 힘/21세기북스/2015
- 쿠모니카 저/사장 수업/M&K/2012
- 클라우드 M 브리스/이학수 역/신념의 마력/아름다운사회/2004
- 클라우디오 페르난테즈 아라오즈 저/어떻게 최고의 인재를 얻는가?/2015
- 토잔 토마스 저/서유라 역/태도의 품격/다산북스/2018
- 톰 피터스 저/최은수, 황미리 역/The Little Big Things/더난출판사/2010
- 패트리셔 애버딘 저/윤여중 역/메가트렌드/청림출판/2010
- 패트릭 렌치오니 저/홍기대, 박서영 역/무엇이 조직을 움직이는가?/전략시티/2015
- 패티 맥코드 저/허란, 추가영 역/파워풀/한국경제신문사/2018
- 제프 스마트, 랜디 스트리트, 앨런 포스터 공저/이주만 역/사장의 질문/부키/2016
- 피터 F. 드러커 외 2인 저/피터 F. 드러커의 최고의 질문/다산북스/2017
- 피터 피스크 저/게임 체인저/인사이트앤뷰/2016
- 필립 코틀러 저/방영호 역/필립 코틀러의 마케팅 모험/다산북스/2015
- 한근태 저/중년 예찬/미래의창/2012
- 허달 저/천년기업 만들기/비움과소통/2013
- 호아킴 데 포사다, 레이먼드 조 저/전지은 글/바보빅터/한경비피/2012
- 홀름 프리베 저/배명자 역/당신이 원하는 기회는 아직 오지 않았다/비즈니스북스/2014
- 훗포 마사토, 쿠보 순스케 공저/김진연 역/인이관지/예문/2015
- 황농문 저/몰입 Think hard!/알에이치코리아/2007
- 후쿠시마 분지로 저/사장같은 사원 만들기/동양북스(동양books)/2011
- 훗다 히카루 저/상대의 마음을 읽었을 뿐인데/북아띠/2020

초판 1쇄 2021년 08월 30일

지은이 류호택
발행인 김재홍
총괄 · 기획 전재진
디자인 김은주 김다윤
마케팅 이연실

발행처 도서출판지식공감
등록번호 제2019-000164호
주소 서울특별시 영등포구 경인로82길 3-4 센터플러스 1117호(문래동1가)
전화 02-3141-2700
팩스 02-322-3089
홈페이지 www.bookdaum.com
이메일 bookon@daum.net

가격 15,000원
ISBN 979-11-5622-613-0 03320